LYDIA BETTERMANN

STRESS ist *kein* FAMILIENMITGLIED

ZeitEcht

Inhaltsverzeichnis

Vorwort

Kennst du das? Endlich hat sich ein Traum erfüllt: Du bist Mama geworden, hast deine eigene Familie gegründet und langsam kehrst du in deinen Beruf zurück. Eigentlich hast du so viel erreicht, doch es schleicht sich immer wieder ein ambivalentes Gefühl ein – eine kleine Sehnsucht, hin und wieder deinem „alten Leben" einen Besuch abzustatten. Lange Abende mit Freunden, ausschlafen, ein Netflix- und Chill-Tag auf dem Sofa mit deinem Liebsten, Fernreisen mit spannenden Abenteuern, mal allein sein im Badezimmer ... Dieses leise Stimmchen hat seine absolute Daseinsberechtigung. Egal wie intensiv man sich in Vorbereitungskursen, mit Podcasts, Büchern und Gedankenreisen mental und körperlich auf das Muttersein vorbereitet hat: Die Realität sieht anders aus! Ich meine damit nicht unbedingt schlechter, aber einfach anders. Plötzlich werden durch diesen kleinen Menschen derart starke Gefühle in dir geweckt, wie du sie vorher nicht kanntest. Es braucht Zeit, bis du dich in deiner neuen Rolle eingefunden hast. Mama zu sein können wir nicht trainieren. Wir entwickeln uns gemeinsam mit diesem zauberhaften und zugleich nervraubenden Wesen, machen dabei sowohl Entdeckungen als auch Grenzerfahrungen. Schnall dich gut an, denn mit der Geburt deines Kindes hat die Achterbahnfahrt deines Lebens begonnen! Jede Entwicklungsstufe birgt eigene anspruchsvolle Herausforderungen.

Mutter zu werden bedeutet, sich auf eine Reise zu begeben, die zu Beginn die völlige Selbstaufgabe und am Ende einen schmerzhaften Abschied beinhaltet. Je nach psychischer Widerstandsfähigkeit (Resilienz) kommst du mit mehr oder weniger grauen Haaren durch diese Jahre. Das Empfinden ist, wie wir Menschen selbst, höchst unterschiedlich. Die eine Frau empfindet die Zeit mit dem ersten Kind zauberhaft und entspannt, stößt aber beim zweiten Kind, welches sich vom ersten unglaublich stark unterscheidet, an ihre Grenzen. Eine andere ist durch monatelangen Schlafmangel nur noch ein „Schatten ihrer selbst" und schleift sich mit etlichen Kaffeetassen bis zum heiligen Mittagsschlaf. Die Dritte erfährt ihre besondere Herausforderung in der neuen Patchwork-Familienkonstellation.

Auch wenn du denkst, es geht nur dir so: Das ist nicht der Fall! Früher oder später stehen alle Mamas (zeitweise) am Rande des Wahnsinns. Die Situation fühlt sich ausweglos an, doch sie ist es nicht. Alle Mütter tragen die Fähigkeit in sich, diesen Zustand verändern zu können! Ja, ich meine es genau so. JEDE Frau kann ihre Lebenssituation recht schnell zum Besseren verändern. Auch du! Du willst wissen, wie das geht? Der Schlüssel liegt in der Selbstfürsorge! Selbst wenn ein leises Stimmchen in deinem Hinterkopf gerade sagt: „Das wäre ja zu einfach!”, muss ich widersprechen. Loszugehen und die Veränderung in Gang zu bringen, ist einfach. Dranzubleiben, neue Routinen zu etablieren, die eigenen Prägungen unter die Lupe zu nehmen und wichtige Entscheidungen für dein Leben zu treffen, ist wiederum alles andere als einfach, aber: Diesen Prozess zu durchleben lohnt sich! In diesem Buch findest du die Grundlage meines selbst kreierten „Mama-Resilienz-Coachingprogramms“. Stress ist nicht völlig aus dem Alltag wegzudenken, doch er darf in den Hintergrund rücken und „muss kein Familienmitglied bleiben“. Alle Frauen, die dieses Programm durchlaufen haben, berichten von einem „Weg zurück zur eigenen Selbstbestimmtheit“. Durch intensives Training und Coaching haben sie es geschafft, ihre persönliche Einstellung gegenüber ihren individuellen Stressoren zu verändern. Damit können sie sowohl Zeit für sich als auch Zeit mit ihrer Familie in vollen Zügen genießen – weil sie entspannter und erholter sind. Ich bin Lydia Bettermann, gebürtige Puffbohne (Erfurterin), Mama von zwei Töchtern, und habe diesen Weg selbst durchlebt. Mein erstes (Wunsch-)Kind führte mich regelmäßig an meine Grenzen. Als gelernte Erzieherin und studierte Sozial-pädagogin hätte ich nicht erwartet, dass mich das Muttersein derart stresst. Mithilfe der Individualpsychologie fügte ich diverse Puzzleteile zusammen, erschrak zu

Beginn über das Gesamtkunstwerk und konnte aus einem neuen Blickwinkel heraus unzählige Lösungsansätze finden. Es ist eine Lebensaufgabe, sich den immer neuen Herausforderungen zu stellen. Inzwischen begegne ich ihnen mit Gelassenheit, Akzeptanz und Neugier. Ich lebe das Leben, das ich mir selbst erschaffen habe, doch es bleibt ein fortwährender Prozess. Seit vielen Jahren begleite ich Eltern dabei, Stressoren im Familienalltag abzubauen und ein liebevolleres Miteinander mit ihrem Nachwuchs zu gestalten, damit die kurze gemeinsame Zeit der Kindeit in vollen Zügen genossen werden kann.

Diese kleinen Wesen sind das Wertvollste unserer Gesellschaft. Sie brauchen verantwortungsvolle Erwachsene, die sich mit ihren persönlichen vergangenen Themen auseinandergesetzt haben, um in der Gegenwart bewusst agieren zu können. Wenn du wissen möchtest, wie ich es geschafft habe und wie es auch für dich möglich sein kann, eine gelassene Mutter zu werden, schnapp dir einen Stift und begib dich auf die Reise deiner Transformation (Veränderung).

Meine Geschichte

Mein Baby – ein Wunder

Dass ich an einem Muttertag in völliger Selbstbestimmtheit meinen Tag für mich gestalten könnte, hätte ich mir vor zwei Jahren nicht träumen lassen.

Muttersein war ein lang gehegter Traum von mir. Ich hatte mir diesen Lebensentwurf in den buntesten Farben ausgemalt. Tatsächlich dachte ich, mein derzeitiges Leben sei ohnehin kinderfreundlich, weshalb ich die meisten Dinge einfach weiterführen könnte.

Spazieren und wandern? Einfach das Baby in die Trage packen und los geht's! Treffen mit Freunden? Das Kleine kann nebenher spielen, ich genieße meinen Kaffee und schnattere ausgedehnt mit meiner Freundin. Werkeln im Garten – kein Problem! Mein Kind kann daneben Blümchen zupfen und in meiner Nähe sein. Ungestörte tiefgehende Gespräche mit meinem Partner oder anderen Menschen am Telefon? Während sie neben mir spielt. Haushalt erledigen? Kindlein beschäftigt sich selbst im Laufstall mit Spielzeugen. Ganz weit gefehlt!

Ich habe dieses kleine Wunderwesen von Anfang an innig geliebt und bin in meiner Mutterrolle selig aufgegangen. „Wunderwesen" deshalb, weil wir zunächst ungewollt kinderlos blieben. Dieses monatliche Hoffen, die vielen Bemühungen, den Körper auf das beste gesunde Level zu bringen, um die Voraussetzungen zu verbessern … und die unzähligen Enttäuschungen, wenn die Periode doch wieder einsetzte. Das kam für uns unerwartet. Als junge Menschen ohne weitere Einschränkungen dachten wir nicht, dass wir ausgerechnet dieses eine von zehn Paaren sind, welches betroffen sein könnte.

Wir hatten einen Termin zur Untersuchung in der Kinderwunschklinik. Daraufhin wurden alle Vorbereitungen für eine unterstützende Maßnahme getroffen. Doch währenddessen klappte es plötzlich auf natürlichem Weg. Ein Wunder!

Dass ich während der Schwangerschaft überaus vorsichtig mit mir und dem Baby umging, brauche ich nicht weiter auszuführen. Umso größer war die Freude, als dieses kleine Wesen das Licht der Welt erblicken durfte. Wir schwebten auf rosa Wolken vor Glück! Ich fühlte mich bereit und mental gut vorbereitet für mein neues Leben als Mama – hatte ich doch während meiner beruflichen Laufbahn bereits ein großes Spektrum an Erfahrungen sammeln dürfen.

Doch es kam anders als erwartet

Monatelanger Schlafmangel und fehlende Selbstbestimmtheit verkehrten mein Denken zeitweise ins Gegenteil. Auf einmal fühlte sich nichts mehr leicht und vollkommen an, denn: Plötzlich waren so viele Gefühle im Spiel, die meine mentale Stabilität ins Wanken brachten. Das hätte ich vorher nicht für möglich gehalten!

Eine Mentorin sagte einmal: „Leben wird vorwärts gelebt – und rückwärts verstanden." Diesen Satz habe ich erst viel später begreifen und adaptieren können, als ich mich in meiner neuen Rolle, zeitweise völlig am Limit, wiederfand.

Wie konnte es dazu kommen?

Ich bin gelernte und erfahrene Erzieherin, studierte Sozialpädagogin, habe meinen sechs Jahre jüngeren Bruder mit aufgezogen und hatte es während meiner Arbeit im Jugendamt mit etlichen desolaten Familiensystemen zu tun. Auch die 24-Stunden-Schichten im Mutter-Kind-Heim haben mich nicht umgehauen. Ich war fest davon überzeugt: Muttersein ist mein großer Wunsch – das rocke ich mit links. Zusätzlich zu meiner langjährigen pädagogischen Erfahrung habe ich einen zuverlässigen Mann und einige andere Familienmitglieder an meiner Seite. Ich hatte mir Geld zusammengespart, um ohne finanziellen Druck zwei Jahre mit meinem Kind in Elternzeit zu Hause bleiben zu können.

Der Anfang gestaltete sich entspannt. Das kleine Zauberwesen schlief, trank, wurde gewickelt, geknuddelt und schlief wieder. Sehr viele Familienmitglieder, Freunde, Bekannte und Verwandte standen Schlange, um den kleinen Menschen zu begrüßen. Das fand ich toll – und zugleich versetzte es mich in Stress. Sollte mein Baby doch angezogen, gestillt und wach sein, die Wohnung halbwegs sauber und (ja – völlig bescheuert – NUN weiß ich das!) oftmals habe ich sogar Kuchen gebacken und Kaffee angeboten, weil das bisher immer mein Standard war, wenn sich Besuch ankündigte. Bis dato war ich gerne Gastgeberin und wollte, dass sich meine Liebsten bei mir wohlfühlen.

Die Folge davon war, dass ich die Besuche begrenzte und mein schlechtes Gewissen ziemlich laut wurde. Gerade meiner Familie gegenüber, die sich häufiger Kontakt wünschte. Es allen recht zu machen und nicht enttäuschen zu wollen, war eine lang gehegte Persönlichkeitsstruktur von mir.

Erkennst du dich wieder?

Im Wochenbett hätte ich eigentlich viel mehr Ruhe und Unterstützung gebraucht. Doch ich überging diese Tatsache und hatte als Folge regelmäßig mit Milchstau zu kämpfen.

Die Monate vergingen und ich entdeckte ganz neue Seiten an mir: Nie dagewesene Ängste zeigten sich. Sehr ausgeprägt war die Angst vor dem plötzlichen Kindstod. Obwohl mein Baby ruhig und entspannt schlief, schaute ich sehr oft nach ihm. Nachts schreckte ich aus dem Schlaf hoch und kontrollierte, ob es noch atmete. Überall lauerten Gefahren: Handy-Strahlung, Giftstoffe in Cremes, Weichmacher in Schnullern und Saugern, Farbstoffe in der Kleidung und Feinstaubbelastung in der Luft. Was meinem Mutterherz jedoch richtiggehend wehtat, war, wenn sie auf dem Arm eines anderen Menschen war (z. B. bei Oma oder Opa) und dann weinte. Sofort holte ich mir dieses kleine hilfsbedürftige Wesen zurück in die „heiligen Mama-Arme“. Ich war davon überzeugt, dass sie sich bei mir am wohlsten und sichersten fühlte und mein Geruch, mein Herzschlag und meine Stimme das EINZIGE waren, was sie brauchte. So meine anfängliche mütterliche Denkweise. Im Grunde ist es auch so, dass sich Babys bei ihren Eltern am wohlsten fühlen, doch die „Fremdelphase” setzt erst zwischen dem 6. und dem 8. Lebensmonat ein, wenn die Kinder bewusst unterscheiden können, wer zu den vertrauten und wer zu fremden Personen zählt.

Meinen Mann hatte ich von Beginn an vollends mit einbezogen. Bei ihm empfand ich keinen Trennungsschmerz, wenn er unser Baby umsorgte. Nachdem ich mein kleines Mädchen nachts mit Milch versorgt hatte, übernahm er und wickelte – das war unglaublich hilfreich. Allein die Tatsache, mit dieser nächtlichen Aufgabe nicht allein zu sein, brachte uns in unserer Elternrolle näher zueinander. Klar, stillende Frauen haben eine Aufgabe, die sich (leider) nicht delegieren lässt. Umso wichtiger ist für die Männer, dies anzuerkennen und in anderer Form ihren Beitrag zu leisten. Da helfen schon kleine Gesten, wie der Frau während des Stillens (auch gern mal ungefragt) ein Glas Wasser bereitzustellen.

Für viele Menschen scheint die Versorgung des Kindes mit Muttermilch selbstverständlich und wirkt sehr einfach. Doch wenn wir uns einmal vor Augen führen, was der Körper während der Schwangerschaft und Stillzeit Außergewöhnliches leistet, kann man von Hochleistungssport sprechen. Wie allgemein bekannt ist, ist Muttermilch die optimale und individuell angepasste Nahrung für ein Baby. In meiner Vorstellung wollte ich mindestens sechs Monate stillen, gern auch darüber hinaus. Doch wie bereits beschrieben, hängen Stress und Stillen eng zusammen. Schaltet der Körper stressbedingt in den Angriffs- und Fluchtmodus um, werden Hormone gebildet, die das Stillen behindern.

An einem wunderschönen Sommertag traf ich mich mit einer langjährigen Freundin und deren Schulkind in der Innenstadt. Wir versuchten, allen Bedürfnissen gerecht zu werden, besuchten einen Spielplatz und aßen Eis, gingen spazieren. Irgendwann meldeten sich jedoch unsere erwachsenen hungrigen Mägen. Wir gingen in ein Café-Restaurant, aber ich wusste genau: In kurzer Zeit wird sich mein Baby melden und etwas trinken wollen. Unruhe machte sich in mir breit, weil ich mich nicht in der Öffentlichkeit entblößen und stillen wollte. Diese Stresssituation wirkte sich direkt auf das Baby aus und es schrie, so laut es konnte. Ich ließ kurzerhand mein Essen einpacken und machte mich auf den Heimweg. Die Kleine ließ sich nicht beruhigen. Auch sie hochzunehmen und zu tragen half nicht. Also blieb ich mitten auf dem Marktplatz etwas verzweifelt stehen. Es lagen noch mindestens 30 Minuten Fußweg vor mir. In die Straßenbahn wollte ich mit meinem schreienden Baby nicht einsteigen. Da schaute eine ältere Dame aus einem Teegeschäft und holte mich hinein. Sie bot mir eine ruhige Ecke, einen Stuhl und ein Glas Wasser an. Ich habe vor Erleichterung fast geweint. Nachdem mein Baby versorgt war und ich mich wieder entspannt hatte, erzählte sie mir, dass ihre Tochter auch vor wenigen Monaten ein Baby bekommen habe und sie deshalb sensibilisiert sei für Momente der Überforderung und hormoneller Krisenstimmung. Dieses herzliche Gespräch rief meinen grundsätzlichen Glauben an das Gute im Menschen wieder wach. Zu guter Letzt schenkte sie mir einen Bäuchlein-Tee für mein Baby. Als ich nach Hause lief, schwor ich mir, meine Intuition nicht mehr zu übergehen und künftig besser auf mein Bauchgefühl zu hören. Das hatte sich rechtzeitig gemeldet, doch ich hatte es ignoriert.

Das Stillen kostete mich insgesamt sehr viel Energie. Ich hatte es mir so sehr gewünscht, dass ich innerlich verkrampfte und es stets schwierig war. Bis zum 5. Monat funktionierte die Nahrungsaufnahme über die Brust (allerdings unter erschwerten Bedingungen), doch als Brei zugefüttert wurde, wurde die Milch gefühlt weniger und eines Tages wandte sich mein Kind von meiner Brust ab. Das war der erste Schritt der Abnabelung. Autsch! Es tat weh, dieses Gefühl, „abgelehnt" zu werden. Doch es ist ein Irrglaube, dass du als Person abgelehnt wirst, denn lediglich diese Form der Nahrungsaufnahme wird verweigert. Heute weiß ich, dass es damals ein sogenannter „Stillstreik" gewesen sein muss. Mit der richtigen Intervention hätte man den Milchfluss und damit das Stillen wieder in Gang bringen können, doch leider wusste ich zu der Zeit noch nichts von derartigen Streiks und dachte, meine Kleine habe sich nun selbst abgestillt. Ich akzeptierte es und freute mich nach dem ersten Schreck über dieses neue Stückchen Freiheit.

Als richtige Beikost hinzukam, beschäftigte ich mich ausgiebig mit den Inhaltsstoffen von Fertiggerichten. Wirklich erschreckend, welche Zusätze sich in unseren Lebensmitteln befinden! Von Anfang an wurde bei uns jedes Breichen von Hand zubereitet – natürlich Bio. An Gläschen dachte ich nicht – und als ich es doch einmal probierte, verweigerte mein Kind das Essen. Ich testete unterschiedliche Geschmacksrichtungen. Nein, sie wollte ausschließlich selbst gekochten Brei. Doch das war ein riesiger Aufwand und ich hatte nicht wirklich Spaß daran. Ständig frische Produkte einkaufen, zerkleinern, kochen, abfüllen, einfrieren, Küche putzen. Und der ganze Aufwand, obwohl zu Beginn gerade mal ein paar Löffelchen gegessen wurden.

Der September näherte sich. Unser gemeinsamer Elternzeitmonat stand bevor. Mein Mann hatte für die Zeit eine wundervolle Reise zusammengestellt. Bereits in den Wochen vor der Abreise waren wir voller Vorfreude. Mit einem alten Camper fuhren wir über Österreich durch Italien bis nach Frankreich an die Côte d'Azur. Auf dem Rückweg planten wir noch einen Schlenker über die Schweiz – und das Ganze in vier Wochen. Wenn ich an diese Zeit zurückdenke, erinnere ich mich als Erstes daran, dass wir ständig auf Zutatensuche für die Breie waren und generell viel Zeit und Energie in die Ernährung floss. Unsere romantische Vorstellung, dass wir mitten in der Natur – abends, wenn das Mäuschen schläft – im Kerzenschein vor dem Camper sitzen und Paarzeit miteinander verbringen würden, blieb eine Illusion. Die Wirklichkeit sah so aus, dass wir auf den Campingplätzen meistens umzingelt waren von weiteren Wohnmobilen. Da wir tagsüber viel zu Fuß unterwegs waren, schlief ich oftmals schon sehr früh ein, und da ich unser Kind während dieser Zeit noch stillte, konnte ich leider nicht einmal ein Glas Wein genießen. Auch hatten wir mehrere Versuche unternommen, gemeinsam in einem Restaurant zu essen. Doch es kam nicht wie erwartet, dass die Kleine fröhlich vor sich hin spielte, während wir genüsslich speisten, denn:

Sobald das Essen auf den Tisch gestellt wurde, meldete sich auch ihr Magen. Und wie bereits beschrieben, hatte ich ein Problem damit, dort zu stillen, wo andere Menschen meine Brüste sehen konnten. Also musste ich mir erst einen passenden Ort ohne Publikum suchen. Mein Mann musste daher mehrmals seine Speise allein einnehmen.

Hier zeigt sich ein weiteres (leider) verbreitetes Phänomen: Mütter essen meistens ihre warmen Speisen kalt oder aufgewärmt. Das gilt leider auch für den morgendlichen Kaffee oder Tee. Kommt dir bestimmt bekannt vor, oder? Daher bestellte ich mir bei den folgenden Restaurantbesuchen nur noch Salat, da dieser wenigstens nicht kalt werden konnte. Das Vorhaben „Essengehen" legten wir nach der Reise für viele Monate auf Eis.

Insgesamt möchte ich die Erfahrung der gemeinsamen Camping-Reise dennoch nicht missen. Wir sahen schöne Orte und atemberaubende Landschaften. Doch durch meine angespannte innere Haltung konnte ich das Ganze nur bedingt genießen. Hinzu kam die fehlende Camping-Erfahrung. Bis dato hatte ich nur wenige Male in meinem Leben in einem Zelt übernachtet. So kamen auf der Reise gleich mehrere Parameter zusammen, die meine Spontanität herausforderten. Aber: Sei mal unter Anspannung spontan! Das ist leider nur schwer möglich. Was ich in dieser Zeit verstand: Vorstellung und Realität machen gern einmal einen Spagat.

Für jeden Ausflug war ich stets so gut vorbereitet, dass das

Schieben des Fahrradanhängers teilweise recht beschwerlich wurde, da der Platz für die unterwegs gekauften Lebensmittel fehlte. Es reihten sich noch unzählige Situationen aneinander, die nicht meiner Vorstellung von einer entspannten Mutter entsprachen. Zusätzlich ließ mich der Schlafentzug sehr dünnhäutig werden.

Als die Autonomiephase meiner Tochter begann, fühlte ich mich regelrecht provoziert und lernte noch ganz andere Seiten meiner Innenwelt kennen. Immer wieder zweifelte ich an meinen Gedanken. Ich hatte mir doch dieses kleine Wesen so sehr gewünscht! War ich nun undankbar? Andere schafften das doch auch und sogar mit mehreren Kindern! Zeitweise hatte ich das Gefühl, eine schlechte Mutter zu sein. Jeder Tag war streng durchgetaktet und ich legte alles danach aus, die „heilige Mittagspause" zu Hause verbringen zu dürfen. Denn dies war die einzige Zeit am Tag, in der ich ein paar Minuten ganz für mich allein genießen konnte. Du kannst dir sicherlich vorstellen, wie ich sprichwörtlich nach Hause rannte, sobald die Äuglein meiner Kleinen müde geklimpert haben, denn: Schlief sie im Wagen ein, war das für mich eine echte Katastrophe. Hochtragen und weiterschlafen hatte bei ihr noch nie funktioniert. Dass ich einige Dinge in ihrer Anwesenheit erledigen könnte, fiel mir nicht ein. Aus heutiger Perspektive merkwürdig und schwer nachvollziehbar. War das Mäuschen wach, kümmerte ich mich aktiv um sie und bespielte sie regelrecht. Mein Kind genoss meine volle und ungeteilte Aufmerksamkeit. Schon früh entwickelte sie die Strategie, sich lauthals bemerkbar zu machen, damit ich mich ihr wieder hingebungsvoll zuwende. Das funktionierte, bis ich eines Tages nichts anderes mehr machen konnte. Manchmal wünschte ich mir mein altes freies und selbstbestimmtes Leben zurück – doch das wagte ich nicht einmal zu denken. In dieser Lebensphase wurde mir bewusst, wie viel Zeit ich vor dem Kind für mich gehabt hatte. Da machten die damals gut gemeinten „Ratschläge" plötzlich Sinn: „Schlaf dich noch mal richtig aus", „Verbringe Zweisamkeit mit deinem Partner", „Mache jetzt noch alle Besorgungen" und „Gönn dir was Gutes für deine Seele!". Ich hatte in meinem früheren Leben meine Zeit mit mir schon immer sehr genossen und war auch gern allein mit mir.

„Me-Time" hatte ich während der Schwangerschaft ausgiebig praktiziert – umso erschreckender erschien es mir, dass die Erholung nach zwei Jahren wie verflogen schien. Die kleinen Inseln, die mich an mein altes Leben erinnerten, besuchte ich selten. Wenn ich zum Beispiel mit einer Freundin zum Essen ging, war ich unterschwellig stets in Alarmbereitschaft, hatte sogar – obwohl ich das eigentlich völlig ablehne – mein Handy auf dem Tisch liegen, um die Erreichbarkeit sicherzustellen.

Verlust des seelischen Gleichgewichts

Als ich begann, wiederholt laut zu schimpfen, und damit mein Kind in Angst versetzte, zog ich die Reißleine. Ich spürte, dass es so nicht weitergehen konnte! Wenn mein Geduldsfaden riss und ein lautes verbales Donnerwetter über mein kleines Kind hereinbrach, konnte ich mich selbst nicht mehr bremsen. Schon während ich meine Stimme erhob und die Worte aus meinem Mund schmettern hörte, wusste ich, dass es schlimm war, was ich hier tat. Doch ich konnte nicht aufhören, bis meine Wut wieder abflachte und ich mein weinendes verängstigtes Kind an mein wild klopfendes Herz presste. Ich entschuldigte mich jedes Mal für mein Schimpfen. Doch die Abstände wurden kürzer und es zerriss mir das Herz, wenn ich mir selbst zuhörte. Eine (bescheuerte) Drohung nach der anderen verließ meinen Mund. Es waren Sätze, die ich selbst als Kind erdulden musste. Sätze, die etwas mit mir gemacht hatten. So reflektiert war ich bereits, dass ich wusste: SO will ich nicht sein. Das hatte mein Kind nicht verdient! Natürlich schimpfen Eltern auch mal. Wir sind menschliche Wesen mit Emotionen, die hin und wieder hochkochen. Das ist auch in Ordnung, solange man das Ganze reflektieren und Verantwortung dafür übernehmen kann. Doch die Häufigkeit und Intensität fand ich nicht mehr okay. Ich spürte, dass sich bei mir ähnliche Mechanismen in Gang setzten, wie ich sie früher selbst „erlebt“ hatte.

Zufälligerweise hatte ich zu dieser Zeit gerade meine Ausbildung zur Individualpsychologischen Coachin begonnen. Ein Baustein dieser Arbeit ist unter anderem eine intensive

Selbstreflexion. Diese war ein langer Prozess, der mich begreifen ließ, welche alten Strukturen in mir wirkten, durch welche Prägungen ich sozialisiert wurde, welche Mechanismen ansprangen, wenn mein Kind bei mir bestimmte „Triggerpunkte" drückte – und damit diese starken Gefühle aktivierte.

Wenn du dich in diesem Kapitel wiedererkennst und deine Situation grundlegend ändern möchtest, ist es wichtig, einen intensiven Blick auf dein persönliches „Mental-load-Hamsterrad" zu werfen. Die eigenen Mechanismen zu verstehen, bildet die Grundlage dafür, neue Strategien zu erlernen und anwenden zu können.

Im folgenden Kapitel schauen wir gemeinsam hinter deine persönliche „Mauer des Stresses".

Dein eigenes Hamsterrad

Diese Faktoren halten dich im Hamsterrad

Du spürst regelmäßig, dass du an deine Grenzen stößt. Wahrscheinlich hast du schon viel Energie aufgewendet, um darüber nachzudenken, wie man Prozesse vereinfachen und den Druck herausnehmen könnte. Zeitweise hat das funktioniert - doch dieses Stressempfinden ist hartnäckig. Es schleicht sich wieder leise und unbemerkt in den Tagesablauf.

Bereits am Morgen begegnet dir eine Reihe von Widerständen, die dir einen reibungslosen und zügigen Tagesablauf erschweren. Selbst wenn du versuchst, vor den Kindern aufzustehen, besetzt entweder dein Partner das Badezimmer oder ein kleines kuschelbedürftiges Wesen braucht dich in deiner Gänze. Am Inhalt der Brotdosen wird sowieso täglich herumgenörgelt, selbst die in Form gestochenen Sternchen-Gurkenscheiben haben den Weg zurück nach Hause gefunden. Dein Anspruch ist es, deinen Kindern gesunde Ernährung nahezubringen, doch sie bevorzugen Schoki-Brötchen oder Gummibärchen. Selbst das Outfit bietet eine Diskussionsgrundlage. Das Kurzarmkleid im Winter geht eben nur mit einem Langarmshirt darunter. Abgelehnt. Erklärungsversuche. Taube Ohren. Dein Puls wird schneller, die Worte lauter, die Sätze kürzer. Widerstand. Beim nächsten Akt kommt dann erst so richtig Freude auf: die Zahnhygiene. Hast du schon verschiedene Zahnbürsten-Varianten angeboten, so hält die Freude darüber nur kurz. Das Zahnputzlied hat längst ausgedient. Neue Ideen? Keine Zeit. Also wird jetzt geputzt. Letztes Wort. Widerstand. Da ist er wieder. Die Uhr tickt immer lauter. Am Morgen ist die Zeit dein Gegner. Eigentlich müsstet ihr schon auf dem Weg sein. Tasche packen, Schuhe, Jacke, Mütze anziehen. Fahrtweg und der Abschied liegen noch vor euch, bevor du deine eigenen Beine in die Hand nehmen musst, um pünktlich bei deiner Arbeit zu erscheinen.

Gedankenimpuls:

- „Wann läuft das endlich mal reibungsloser?"
- „Warum eigentlich immer ich und nicht mein Partner?"
- „Ich habe darauf keine Lust mehr!"
- „Geht's auch mal ohne Drama?"

Diese Szenen beschreiben erst den Beginn des Tages. Denen folgen einige Arbeitsstunden, hohe Anforderungen, wenig Pausen, anschließend schnell Kinder wieder einsammeln. Danach werden notwendige Dinge wie Gassi gehen mit dem Hund, Einkäufe, Haushalt und Gartenpflege erledigt. To-dos wie Kinder zu Freunden fahren, Hobbys, Verwandtschaft und eigene Freunde treffen werden ebenfalls irgendwie in den Tag eingebaut. Und es wird nicht weniger – im Gegenteil! Wer geht eigentlich mit dem Jüngsten zur nächsten U-Untersuchung? Für das Sommerfest im Kindergarten hattest du einen Kuchen zugesagt und ärgerst dich über dich selbst, wenn der Punkt erledigt werden muss, obwohl der Tag noch zig weitere Aufgaben für dich bereithält.

Puh, mir wird schon beim Schreiben ganz schwindelig!

Gedankenimpuls:

- Was ist eigentlich mit Paarzeit?
- Was ist mit Auszeiten für dich?
- Wann erholst du dich?
- Wie lange ist es her, dass du mit einer Freundin in der Stadt bummeln warst oder Kaffee getrunken hast?
- Verfolgst du noch eigene Hobbys?

Solange die Kinder klein sind, Unterstützung und Aufsicht benötigen, rutschen die eigenen Interessen und Bedürfnisse in den Hintergrund. Das ist völlig nachvollziehbar.

Gedankenimpuls:

- Doch wenn du so weitermachst wie jetzt, wo stehst du in einem Jahr?
- Was macht das mit deiner Beziehung?
- Was macht es mit deiner Psyche?
- Wo bleibt deine Lebenslust?

Übung:

Ich lade dich ein, deinen Fokus für einen Moment lang auf diese Fragen zu richten. Dokumentiere deine ehrlichen Gedanken.

Gerade fragst du dich vermutlich, wie du so weit im Voraus denken sollst, wenn es manchmal schon unendlich schwer erscheint, den kommenden Tag (nach einer Nacht mit vielen Unterbrechungen) zu überstehen. Dein Stressempfinden ist subjektiv. Vielleicht hast du im Gespräch mit Leidensgenossinnen festgestellt, dass sich die Stressoren von Mensch zu Mensch unterscheiden. Faktoren, die die eine Mama in Alarmbereitschaft versetzen, stören die andere möglicherweise nicht im Geringsten.

An dieser Stelle wollen wir deine persönlichen Stressoren herausfiltern:

- Was stresst dich?
- Wie reagierst du darauf?

Im nächsten Kapitel werden wir „eine Etage tiefer“ gehen und dein persönliches „Warum?“ beantworten.

Zum einen ist es die Fülle an Aufgaben, eine (gefühlt) nie endende To-do-Liste. Hinzu kommt die Verantwortung, die du für diese Aufgaben auf dich überträgst. Das ist alles eine Frage des Typs. Bist du eher eine Person, die „lieber alles schnell selbst erledigt“? Weil du es den Menschen aus deinem Umfeld nicht zutraust, die Aufgaben in deinem Sinne zu erfüllen? Weil es (gefühlt) mehr Arbeit machen würde, wenn du andere Personen einweisen müsstest und es möglicherweise letztendlich nicht so exakt erledigt werden würde, wie wenn du es selbst machst? Oder scheust du dich davor, Aufgaben abzugeben, weil du denkst, es sei einzig und allein deine Aufgabe? Andere hätten doch mit sich selbst genug zu tun und du möchtest niemandem zur Last fallen? Oder möchtest du nicht, dass dein Umfeld bemerken könnte, dass du Hilfe gebrauchen könntest bzw.

dein Selbstbild einer „guten und organisierten Mutter" ins Wanken geraten könnte?

Viele Mütter sehen sich um und denken: „Die anderen bekommen es doch auch hin." Das macht etwas mit ihrem eigenen Empfinden. Ist dir schon einmal aufgefallen, dass wir uns generell mit „den Besseren" vergleichen, aber nie mit welchen, bei denen es weniger gut funktioniert? Fakt ist, dass wir meistens nur einen kleinen Teilausschnitt des Lebens der anderen Mütter sehen und interpretieren. Woher weißt du, ob die Frau, mit der du dich vergleichst, nicht immens viel Unterstützung in Anspruch nimmt? Ob sie, wenn die Türen verschlossen sind, ihre Kinder unentwegt anmeckert, vor dem Fernseher parkt oder mit Süßigkeiten ködert? Vielleicht sinken andere Mamas ebenfalls erschöpft auf das Sofa und weinen heimlich, wenn der Rest der Familie schläft. Glaube mir, ich hatte in meiner beruflichen und privaten Laufbahn Kontakt zu vielen Müttern. Da ich eine offene und ehrliche Haltung lebe, trauen sich die Frauen, mir ebenfalls voller Ehrlichkeit und Schwäche zu begegnen. Aus Erfahrung kann ich berichten, dass jede Frau irgendwann ihr Stress-Limit erreicht. Es ist eine Frage ihrer Reflexionsfähigkeit, ob sie es bereits erkannt hat, noch erforscht oder nach Antworten sucht, was die Ursachen dafür sein könnten.

Vergleichen ist also generell unnütz, da wir als Vergleichsgruppe exakt dieselben Voraussetzungen und Gegebenheiten vorfinden müssten. Sich allein aufgrund der gebackenen Kuchen, des angepassten Kindes oder der knackigen Figur (trotz dreier ausgetragener Kinder) selbst besser zu fühlen, hilft niemandem. Weder deinem Selbstwertgefühl noch der Frau, mit der du dich vergleichst, noch deiner Familie ist es dienlich. Also bitte: Lass es bleiben. Du bist einmalig! Keine andere Mama hat exakt deine Voraussetzungen und aktuellen Lebensbedingungen. Fakt ist: Alle Frauen geben stets ihr Bestes, um gute Mütter zu sein.

Aber nun wieder zurück zu deinen persönlichen Stressoren. Warum ist es so schwer, aus dem daraus entstehenden Hamsterrad auszusteigen? Scheust du dich vielleicht, Menschen aus deinem Umfeld um Hilfe zu bitten? Kannst du Hilfe von außen annehmen? Mutest du dir zu viel zu? Sind deine Ansprüche an Sauberkeit, bestimmte Formen der Erziehung, Aussehen und Gastfreundschaft zu hochgesteckt?

Der Schlüssel zur Veränderung liegt in dir

Um aus deinem „Mental-load-Hamsterrad" auszusteigen, brauchst du die klare Entscheidung, dass du jetzt etwas ändern willst, auch wenn es anstrengend werden kann. Wir Menschen sind grundlegend faule Wesen. Daher wollen wir gemütlich in unserer Komfortzone bleiben, weil wir Situationen einschätzen können und Handlungen routiniert ablaufen, ohne dass wir uns groß anstrengen müssen. Das verhält sich ähnlich wie beim Zähneputzen: Dieser Vorgang läuft automatisiert ab. Du denkst nach den vielen Jahren der angewandten Praxis nicht mehr darüber nach, in welche Richtung du deine Zahnbürste zuerst bewegst. Es sind immer dieselben Runden, die du durch deinen Mund fährst. Hast du aber eine Verletzung an der Hand und musst die andere zum Putzen benutzen, wird es etwas komplizierter. Dann ist dein Gehirn gefordert und du musst deine Bewegungen aktiv steuern. Strengt deutlich mehr an als mit der üblichen Hand. Probiere es gern einmal aus!

In diesem gewohnten Alltagszustand, in dem wir stets überschaubare Dinge tun, spart das Gehirn Energie – eine Verhaltensweise aus der Steinzeit. Damals musste Energie gespart werden, denn es konnte jeden Moment der Säbelzahntiger aus dem Gebüsch springen oder eine Dürrezeit beginnen. Wir Menschen haben uns unglaublich weiterentwickelt, aber manche Grundanlagen sind geblieben. Energie spart man also, wenn die Bedingungen abschätzbar sind. Ein weiterer Punkt, der uns gern in unserer Komfortzone hält, ist die Unsicherheit, sich gegen gewohnte Mechanismen zu entscheiden. Damals überlebten die Menschen nur im Rudel. Wer auszog, um die Welt zu sehen, hatte nicht die besten Überlebenschancen in der Wildnis. Deshalb ist es ein normales und nachvollziehbares Verhalten des sozialen Gefüges, welches dich vor Gefahr schützen will. Bleib in deinem Rudel und mache alles, wie es „schon immer gemacht wurde“, dann bist du in Sicherheit (signalisieren dir sowohl dein Gehirn als auch die Menschen in deinem Umfeld). Sie haben nur gute Absichten. Sie wollen dich beschützen. Aber letztendlich entscheidest du. In unserer westlichen Welt lauern auch Gefahren, aber kaum lebensbedrohliche. Weiterhin brauchst du Geduld, denn um neue Routinen zu etablieren, braucht es 60 bis 90 Tage. Zunächst betrittst du bildlich gesprochen einen kleinen „Trampelpfad“ in deinem Gehirn, einen neuen Weg. Je öfter du ihn jedoch beschreitest, desto mehr wird er zu einem richtigen Weg und letztendlich zu einer Autobahnspur, die so schnell nicht mehr wegzudenken ist.

Hast du Lust darauf, in deinem Gehirn neue Wege zu gehen? Möchtest du dein Denken, Fühlen und Handeln grundlegend verändern, um die Zeit mit deiner Familie endlich wieder genießen zu können?

Lass uns mit deiner persönlichen Problemanalyse beginnen, damit du dein „Stress-Hamsterrad“ endgültig verlassen kannst!

Die folgende Problemanalyse zeigt drei typische wahrgenommene Problemlagen auf, die im Alltag einer Mutter zu finden sind. Gemeinsam wagen wir den „Blick hinter die Mauer“, um mögliche Ursachen zu finden und passende Problemlösungsstrategien herauszuarbeiten. Durch die weiteren Kapitel leiten anschauliche Beispiele aus meiner Gefühlswelt sowie Gedankenexperimente, Impulse und praktische Übungen.

Verlasse den Stresskreislauf

Die Fülle an täglichen Aufgaben passt nicht in die dir zur Verfügung stehenden Stunden pro Tag. Hinzu kommen unplanmäßige Herausforderungen wie Krankheiten, Krisen, Bitten um Gefälligkeiten oder Entwicklungsschübe der Kinder (und damit einhergehende neue Widerstände, die sowohl Zeit als auch Nerven kosten). Es bleibt das Gefühl, „nie fertig zu werden". Schaust du dich in deiner Wohnung um, tobt das Chaos. In den Ecken haben sich Dinge angesammelt, die sortiert oder weggeräumt werden wollen, dort liegt ein Stapel mit Sachen, die genäht oder geflickt werden müssten, unter der Couch tanzen die Staubmäuse und im Besteckkasten ist eine bunte Krümelansammlung zu finden. Die täglichen Reinigungsarbeiten sowie das Kochen, Geschirrspülen, Spüler ein- und ausräumen, Wäscheberge waschen, aufhängen, zusammenlegen, staubsaugen, Wohnbereich wieder herrichten, Bad säubern ... verlangen dir neben der Beschäftigung mit dem Kind genug ab. Darüber hinaus ist nicht mehr viel möglich. Die maximale Stundenanzahl des Tages ist ausgeschöpft und deine Batterie läuft bereits auf Reserve.

Manchmal wünschst du dir, einfach mal die Zeit anzuhalten, um die nie enden wollende Liste abzuarbeiten, oder? Du bist am Rotieren, doch trotzdem lässt sich das Chaos nicht vollständig beseitigen – kommt doch immer wieder etwas Neues hinzu. Dann hast du dich endlich der Herausforderung gestellt und einige Punkte abgearbeitet, doch das

Gefühl der Zufriedenheit lässt noch immer auf sich warten. Denn kaum scheint die Sonne ins Zimmer, kommen buchstäblich neue Aufgaben „ans Licht“: Fenster putzen, Staub wischen, Sofabezüge reinigen usw. Du sitzt spielend auf dem Boden des Wohnzimmers und bist unzufrieden, obwohl du ständig in Aktion bist. Die vielen Handgriffe, die während des Spiels mit deinem Kind passieren, wie das Ordnen von Spielsachen oder das Aussortieren zu kleiner Kleidung, reichen jedenfalls nicht aus.

Dein Partner kommt relativ spät von der Arbeit nach Hause und führt die ihm aufgetragenen Aufgaben aus: Er kauft ein, kümmert sich um das Auto und ist für handwerkliche Tätigkeiten an Haus und Garten zuständig. „Die Software“ ist hingegen dein Aufgabenbereich. Doch auch mit dieser Arbeitsteilung entstehen Spannungen, denn: Nach der Arbeit möchte sich dein Partner ausruhen und Zeit mit der Familie verbringen. Doch die To-do-Liste erweitert sich kontinuierlich – sie endet einfach nicht. Es entsteht ein Interessenskonflikt: Er wünscht sich Erholung, du möchtest Unterstützung.

Aus einer Umfrage, die ich mit 630 Müttern gemacht habe, ging hervor, dass Wäsche waschen, staubsaugen und Spülmaschine ein- und ausräumen die beliebtesten Haushaltstätigkeiten waren. Grund dafür ist, dass man das Ergebnis direkt sehen kann. Das schafft ein Gefühl von Zufriedenheit. Ordnung im Kinderzimmer wiederherzustellen ist zu kurzweilig und die Ergebnisse der Erziehungsaufgaben zeigen sich erst deutlich zeitverzögert. Trotzdem sind auch das Aufgaben, die den Tag füllen, Energie kosten und notwendig sind.

Fakt ist: Du packst dir zu viele Aufgaben in den Tag. Wenn die Anzahl der Aufgaben bezüglich ihrer Gesamtdauer die Wach-Stunden des Tages übersteigt, sind es definitiv zu viele. Darf ich ehrlich zu dir sein? Du spürst gerade, dass du in der Masse der Aufgaben zu ersticken drohst. Doch die Wahrheit ist, dass du allein die Verantwortung für die Gesamtzahl an Aufgaben trägst. Auch wenn du nun denkst: „Anders geht es aber nicht!“, muss ich dir widersprechen. Es gibt Wege aus der „Mental-load-Falle“. Auch wenn es sich im Moment noch abstrakt anfühlt, mithilfe dieses Buches ist es möglich, den ersten Schritt aus deinem Hamsterrad zu wagen.

Um ein Umdenken in Gang zu bringen, möchte ich mit dir eine Übung machen: Schreibe dir drei Tage lang detailliert auf, was du getan hast. Der erste dokumentiert, was du für die Kinder/Familie getan hast, der zweite, was du für dich getan hast. Die Liste beginnt am Morgen mit dem Aufstehen.

Du wirst feststellen, dass es eine Vielzahl an kleinen Tätigkeiten ist, die deinen Tag füllen. Trotz des Gefühls, „nichts geschafft“ zu haben, wirst du anhand der Aufstellung erkennen, dass du insgesamt sehr viel getan hast. Die Kinder zu unterstützen und zu begleiten (sei es bei den Hausaufgaben oder beim Puppenspielen), ist eine unglaublich wichtige Leistung! Was glaubst du, wirst du später als alter Mensch über dein Muttersein denken? „Hätte ich mich bloß mehr angestrengt, um den Haushalt besser zu führen“? Oder eher: „Hätte ich nur mehr Zeit mit den Kindern verbracht und ihnen ein offenes Ohr geschenkt, statt mit den Gedanken wieder bei der nächsten Aufgabe zu sein“?

Es gibt ein unglaublich inspirierendes Buch, das ich dir empfehlen möchte: „5 Dinge, die Sterbende am meisten bereuen“ von Bronnie Ware. Wie der Titel verrät, wurden Menschen am Ende ihres Lebens befragt, was sie bereuen, in ihrem Leben nicht getan zu haben. So viel ist vorwegzunehmen: Zeit mit der Familie zu verbringen, war stets einer der wichtigsten Aspekte. Die Kinder sind nur einmal klein und suchen deine Aufmerksamkeit. Je größer sie werden, desto autonomer gestaltet sich ihr Leben. Freundschaften gewinnen an Wichtigkeit, sie entfernen sich mehr und mehr von dir. Wenn du dir vor Augen führst, wie viel Energie du täglich für deine Familie und dich aufbringst, wird dir bewusst, dass es nicht zu wenig sein kann. Wenn du dein Leben in Abschnitte einteilst und zurückblickst, wirst du erkennen, dass jeder Abschnitt von besonderen Herausforderungen geprägt ist.

Deine jetzige Aufgabe ist es, zunächst für dich und deine Seele zu sorgen, damit du deine Kinder bestmöglich bei ihren Herausforderungen unterstützen kannst. Denn du kennst es ja selbst: Wenn deine Kapazität erreicht ist, bleiben weder Geduld noch Muße, um gemeinsam Kastanienmännlein zu basteln, das 4624. Mal die Schienen zusammenzusetzen oder die Höhle für die Kuscheltiere so zu bauen, dass sie nicht direkt wieder einsturzgefährdet ist.

Also noch einmal deutlich: Du leistest jeden Tag genug!

Auch wenn die Wohnung chaotisch aussieht und es zum dritten Mal in dieser Woche Nudeln gibt. Es ist okay! Sorge für deine Seele! Du hast es verdient, dir Auszeiten zu gönnen, auch wenn sie kurz sind! Diese kleinen Erholungsmomente laden deine Batterie wieder auf – und das brauchst du regelmäßig. Davon profitiert deine gesamte Familie!

Schenke deinem Kind die volle Aufmerksamkeit, wenn du mit ihm spielst. Seine feinen Antennen nehmen sofort wahr, wenn du nur mit halber Aufmerksamkeit bei der Sache bist. Versuche dich für eine kurze, aber intensive Zeit vollends auf das Spiel einzulassen, anstatt dich über einen längeren Zeitraum mit großer Unlust „dahinzuquälen". Davon hat niemand etwas. Übrigens müssen Kinder gar nicht die ganze Zeit „bespielt" werden. Gemeinsam den Haushalt zu erledigen, kann ebenfalls Freude bereiten. Die Phase, in der dein Kind noch alles mit dir machen möchte, ist relativ kurz. Schon bald wird dein Schatz nicht mehr so viel Exklusivzeit mit dir brauchen. Es wird nicht lange dauern, dann wirst du mit einem weinenden Herzen daran zurückdenken, wie schön diese gemeinsame Zeit war. Ich möchte dich ermutigen, dir mit deinem Kind großartige Erinnerungen in Form von Erlebnissen zu schaffen. Dies ist nur mit ganzem Herzen möglich, wenn also deine Aufmerksamkeit nicht von anderen Störfaktoren (wie Haushalt, Ordnung, Arbeit …) abgelenkt wird. Um sie loszuwerden bzw. sie neu zu interpretieren, nehmen wir noch einmal deine Stressoren unter die Lupe.

Stressorenrad

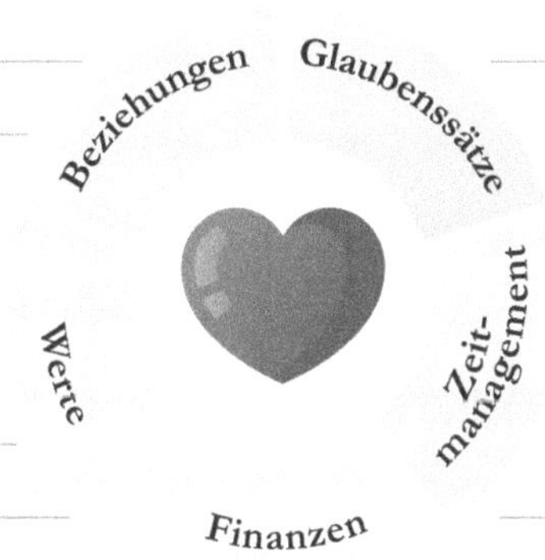

Wir werfen nun einen genauen Blick auf deine Stressoren. In der Skizze findest du verschiedene Lebensbereiche. Trage um das Stressorenrad die Dinge ein, die dich im Alltag stressen. Dazu zählen beispielsweise das Kochen gesunder Nahrung (und das damit verbundene Genörgel der Kinder). Unter den Punkt der gesellschaftlichen Anforderungen fällt zum Beispiel die Abholzeit der Kinder aus Kita und Schule (wenn du sie später holst, hast du das Gefühl, von anderen Eltern oder den PädagogInnen negativ beurteilt zu werden).

Übung:

Wenn du dir die Liste anschaust, welches Gefühl kommt in dir auf?

Findest du Bereiche, die du abgeben oder streichen kannst?

Gibt es Möglichkeiten, Abläufe zu vereinfachen?

Noch stehst du am Anfang deiner Veränderung. Sicherlich fällt es dir noch schwer, diese Fragen zu beantworten. Schlussendlich unterliegen all diese Faktoren deiner inneren Einstellung, also deiner Haltung den Stressoren gegenüber. Jeder Lebensbereich lässt sich verändern. Dazu bedarf es vieler kleiner Schritte. Nehmen wir das Beispiel der gesellschaftlichen Anforderungen: Es würde dich entlasten, wenn du nach der Arbeit nicht im Schweinsgalopp zur Kita sausen müsstest, um dein Kind bis zu einer gewissen Uhrzeit abzuholen. Wie wäre es, stattdessen zu schauen, wer hin und wieder dein Kind abholen und dir somit eine Verschnaufpause ermöglichen könnte? Wenn in deinem Kopf die Einstellung „dein Kind = deine Aufgabe“ umhergeistert, müssen wir da genauer hinsehen. Denn auch dies ist wieder zurückzuführen auf deine innere Einstellung und auf deine tief verankerten Glaubenssätze. Letzteren werden wir uns später intensiver widmen. Du denkst, als Mutter bist du (relativ) allein verantwortlich für deine Kinder? Das ist weitestgehend auch so, doch du darfst Unterstützung annehmen. Im Falle des Beispiels: Möglicherweise hat dein Kind Freude daran, noch eine weitere Stunde auf dem Hof des Kindergartens mit den anderen Kindern zu spielen. Der Kita-Tag ist durch das Schlafen in zwei Abschnitte aufgeteilt. Manche Kinder sind erst nach dem Schlafen so richtig in der Kita angekommen und können sich anschließend entspannen und es genießen. Möglicherweise nimmst du deinem Kind eine schöne Spielzeit mit den Freunden. Erkundige dich ruhig einmal bei den PädagogInnen, wie sich dein Kind am Nachmittag inmitten der anderen Kinder verhält.

Eine weitere Idee: Wie wäre es, wenn dein Kind an einem Nachmittag zum Freund/zur Freundin darf und du es später dort abholst? In der kommenden Woche kann die Abholsituation getauscht werden. Erlaube dir Ruhephasen. Dein Kind ist nicht immer unbedingt am glücklichsten in deiner (abgehetzten) Nähe.

Merke:

- Dass du dir so viel aufbürdest, hat einen Grund.
- Dass du schwer „Nein“ sagen kannst, hat einen Grund.
- Dass du (bisher) keine oder wenig Hilfe annimmst bzw. nicht darum bittest, hat einen Grund.

Du handelst also aus einem bestimmten Grund, der dich in deinem Hamsterrad gefangen hält. Dahinter stehen Glaubenssätze, verinnerlichte Muster und Prägungen aus deiner Kindheit. Beispielsweise erklärst du dich oft bereit, Kuchen für alle möglichen Feierlichkeiten zu backen, obwohl du eigentlich keine Zeit und in dem Moment der Vorbereitung vielleicht keine Lust hast. Du hast dir schon oft gesagt: „Das nächste Mal kaufe ich lieber einen Kuchen“, und hast dich trotzdem wieder in die Küche gestellt. Dahinter steht dein Streben nach Anerkennung: Du willst gemocht werden und zugleich möchtest du Menschen aus deinem Umfeld nicht enttäuschen. Jeder Mensch strebt nach Anerkennung, daran ist nichts Verwerfliches. Es ist eines unserer Grundbedürfnisse.

Wenn du zwischendurch Zeit für Erholung hattest, in einer Nacht mehr als üblich schlafen konntest oder mit deinen Freundinnen einen Abend aus warst, spürst du, wie die gewonnene Energie dich förmlich beflügelt. Denn genau diese kleinen Auszeiten lassen dich spüren, dass du mehr als (nur) Hausfrau und Mutter bist. Dass du (kurzzeitig) frei über deine Zeit verfügen kannst und du selbst entscheidest, was du tust. Diese Momente geben dir einen Energieschub. Sie machen deinen Alltag wieder bunt und abwechslungsreich.

Fühle in dich hinein:

In welchen Momenten kannst du gut entspannen? Beschreibe sie lebendig. Was ist um dich herum? Wo bist du? Mit wem? Es ist auch vollkommen okay, wenn du ganz allein und weit entfernt bist.

Begleite dein Kind wieder liebevoll

Während deiner Schwangerschaft hast du dir ausgemalt, wie das Leben als Familie aussehen könnte. Dass du Grenzen setzen und Konflikte austragen wirst, war deinem rationalen Verstand klar, doch plötzlich klafft zwischen deiner Vorstellung und der Realität eine große Lücke.

Du liebst dieses kleine schutzbedürftige Wesen von ganzem Herzen, würdest dafür höchstwahrscheinlich sogar dein Leben geben. Doch manchmal wird eine Wut in dir wach, die du bisher nicht kanntest. Du bist definitiv nicht allein mit diesem Gefühl! An dir ist auch nichts verkehrt. Trotz (vielleicht zeitweise) abgründiger Gedanken bist du eine liebevolle Mutter.

Es beginnt damit, dass dein Kind während des Tages sowie nachts viel Unterstützung braucht und damit sehr viel Energie aus dir herauszieht. Im Schlaf regeneriert sich der Körper, das Immunsystem wird gestärkt, das Gehirn verarbeitet die Informationen des Tages, wichtige hormonelle Prozesse finden statt. Und das sind nur einige Aspekte der Funktion des Schlafes für den menschlichen Organismus. Wer über einen längeren Zeitraum immer wieder aus wichtigen Schlafphasen gerissen wird, kommt schnell an seine körperlichen und geistigen Grenzen. Dies führt zu Gereiztheit, Energiemangel, Lustlosigkeit, Beeinträchtigung der körperlichen und geistigen Leistungsfähigkeit, aber auch zu körperlichen Symptomen wie Bluthochdruck, Stoffwechselstörungen, Diabetes, Unruhe, Infektanfälligkeit.

Kurze Information am Rande: Schlafentzug wird in weiten Teilen der Welt als Foltermethode angewandt. Dein Kind wird erst im Laufe der Zeit mit deiner Unterstützung einen Tag-Nacht-Rhythmus entwickeln. Sein kleiner Magen wird wachsen und mehr Nahrung aufnehmen können, sodass die Fütterabstände größer werden. Außerdem wird dein Kind so viel Vertrauen zu dir haben, dass es nicht mehr in kurzen Abständen aus dem Schlaf hochschreckt, um sich zu vergewissern, dass du noch da bist. Doch bis dahin heißt es: durchhalten! Selbstfürsorge pflegen (beispielsweise tagsüber Schlaf nachholen) und (gern wiederhole ich es auch an dieser Stelle wieder) Unterstützung annehmen. Sobald das Menschlein nicht mehr ausschließlich von deiner Muttermilch abhängig ist, kann auch der andere Elternteil in der Nacht aktiv mit einbezogen werden – auch wenn er am kommenden Morgen schon früh zur Arbeit fährt!

In meinem Mama-Coaching habe ich vor Kurzem mit einer Mutter erörtert (ein Kind ist knapp vier Jahre alt, das zweite Kind ein Jahr), wie der Vater, der sich unmittelbar neben dem nächtlichen Geschehen befindet (und sich gern einfach auf die andere Seite drehte und weiterschlief), seit kurzer Zeit während einer festen Zeitphase die Verantwortung für das Kind übernimmt. Dies ist die Schlafenszeit der Mutter, denn auch sie muss den kommenden Tag überstehen. Wer sagt denn, dass die versicherungspflichtige Arbeit des Partners anstrengender ist bzw. dieser Form von Arbeit mehr Wichtigkeit zugeschrieben werden muss? Inzwischen sind ihre Nächte deutlich erholsamer (außer in Ausnahmesituationen, wenn zum Beispiel das Kind krank ist). Die Frau hat mir berichtet, wie sie Stück für Stück das schlechte Gewissen loslassen und sowohl dem Mann als auch dem Kind diese Aufgabe zumuten bzw. zutrauen konnte. Zu Beginn dachte sie noch: „Er muss doch schlafen! Morgen beginnt die Arbeit früh. Wenn er dann müde ist und schlechte Laune hat, wirkt sich das auf die gesamte Familie aus." Oder: „Was ist, wenn der Kleine so laut schreit, dass das Geschwisterchen wach wird?" Inzwischen verlässt sie das Schlafzimmer, in dem der Mann das Kind in den Schlaf wiegt, geht zeitweise eine Etage tiefer auf das Sofa und denkt sich manchmal: „Nach mir die Sintflut." Und: „Lasst mich schlafen, ihr schafft das schon." Nichts an dieser Denkweise ist egoistisch. Ich nenne es zum einen Fairness und zum anderen Selbstschutz.

Drehen wir den Gedanken einmal um. Angenommen, es wäre in der Familie weiterhin allein Aufgabe der Frau, sich während der Nacht um das muntere Kind zu kümmern (und dieses Kind wacht bis zu sieben Mal in einer Nacht auf), wie verläuft der nächste Tag für sie? Der Mann ist frühmorgens fort und kommt erst zum Abendessen zurück. Die Frau weiß schon am Morgen nicht, wie sie den Tag überstehen soll, und muss das endlich schlafende kleine Kind aus dem Bett holen, da das ältere Kind bis spätestens neun Uhr in der Kita sein muss. Bis sie mit dem kleinen Wesen wieder zu Hause angekommen ist, wurden so viele Stresshormone ausgeschüttet, dass sie das Kita-Kind bei den morgendlichen Widerständen nicht liebevoll begleiten konnte. Möglicherweise gab es bis dahin schon richtige Auseinandersetzungen. Es wurde gedroht, geschimpft und die Widerstände wurden größer. Das ältere Kind beginnt den Tag mit übler Laune, weil die Mutter keine Kapazitäten mehr für eine liebevolle Begleitung hat – einfach aufgrund von Übermüdung. Das jüngere Kind bekommt diese stressige Stimmung mit und begibt sich direkt mit hinein. Es ist zehn Uhr am Vormittag und die Mutter ist durchgeschwitzt, würde gerne duschen, weil der Geruch des Stress-Schweißes aufdringlich ist. Doch das kleine Kind fordert all ihre Aufmerksamkeit. Noch ist an Durchatmen nicht zu denken.

Kommt die Mutter dann zur Ruhe, beginnt sich das Gedankenkarussell zu drehen. Sie wertet sich ab und denkt, dass sie eine schlechte Mutter sei, weil sie ihre Kinder nicht liebevoll behandelt hat. Sie verfällt in Muster von Schimpfen und Drohen, wenn ihr die Zeit im Nacken sitzt und ihre eigenen Bedürfnisse hintanstehen. Schlafmangel schwebt über allem, gepaart mit Missmut dem Partner gegenüber, der „einfach seiner Arbeit nachgehen darf."

So war es bei der Mutter noch wenige Wochen vor unserem Coaching. Doch allein die kurze Sequenz der nächtlichen Verantwortungsübernahme durch den Partner hat schon eine gravierende Wirkung für den Alltag erzielt: Alle Familienmitglieder können seitdem den Tag gelassener beginnen.

Jede Entwicklungsphase des Kindes birgt neue Herausforderungen: Sind es zu Beginn Blähbäuchlein und Zahnschmerzen, folgen Unzufriedenheit wegen noch nicht ausgereifter Bewegungsabläufe, Fremdelphasen, Einschlafschwierigkeiten und in der Autonomiephase ambivalente Abgrenzungsthemen, die sich zwischen „bleib ganz nah bei mir" und „lass es mich selbst tun" bewegen. Dazwischen liegen noch unzählige weitere.

Um diese Entwicklungssprünge und die damit verbundene Unzufriedenheit gut begleiten zu können, bedarf es Verständnis, Geduld und viel Zeit. Doch wie soll all dies aufgebracht werden, wenn man selbst Angst vor dem kommenden Tag mit seiner Vielzahl an Anforderungen und Aufgaben hat? Du kennst das vielleicht auch: Mit letzter Kraft hast du das Wohnzimmer aufgeräumt, da kommen die kleinen Händchen und ziehen hinter deinem Rücken alles wieder heraus. An manchen Tagen kann man darüber schmunzeln, es ist halt das Spiel des (noch kleinen) Kindes, die Entdeckungsfreude. Gegenstände berühren, Schranktüren öffnen, die Reaktion der Mama immer wieder neu austesten. Verhält sie sich diesmal wieder genauso? Kommt sie gleich zu mir, wenn ich mich dem Technikfach nähere? An anderen Tagen kann es das Fass zum Überlaufen bringen, wenn das Bücherregal zum sechsten Mal ausgeräumt wird und du deinem Kind schon diverse andere Spielsachen angeboten hast, die leider nicht auf großes Interesse stießen.

Einfach das Kleine neben sich in der Küche mitmanschen lassen, während man kocht, geht an Tagen, an denen das Energielevel entsprechend hoch ist. Doch manchmal reichen nur kleine Auslöser für eine emotionale Explosion bei dir. In der Autonomiephase, die bei allen Kindern recht unterschiedlich verläuft, sollte dein Akku nicht bereits „auf Reserve" laufen. Bei den meisten Eltern wird die Geduld hier auf eine besondere Probe gestellt. Hauen, kratzen, beißen, Dinge selber tun wollen und letztendlich daran verzweifeln, wegrennen, spucken, erneutes Fremdeln, nächtelang überwiegend wach sein, plötzlich wieder zurück in alte Muster fallen, Gegenstände kaputt machen, Tiere ärgern, nicht kooperieren, den eigenen Willen durchsetzen sind typische Verhaltensweisen während dieser Entwicklungsphase. Hier liegt die besondere Herausforderung darin, sich auf Augenhöhe zu begegnen, auch wenn man am liebsten schreien und wegrennen würde.

Fakt ist: Es ist deine Einstellung und die Anforderung, die du an dich selbst stellst. Die Auslöser, die dich im Alltag negativ „triggern", also eine starke Emotion hervorrufen, dürfen einmal mehr Beachtung finden.

Wie kannst du es ändern?

Übung:

Wir wollen herausfinden, WARUM dich diese verschiedenen Situationen stressen. Welche der 7 Basisemotionen steht jeweils dahinter?

Trauer ______________________________

____

Angst ______________________________

____

Verachtung ______________________________

____

Freude ______________________________

____

Überraschung ______________________________

____

Ekel ______________________________

____

Wut ______________________________

____

Markiere die Situationen, die dich immer wieder einholen bzw. von denen du dich immer wieder gestresst fühlst. Ordne sie anschließend nach ihrer Intensität (Situationen, die dich am meisten stressen, als Erstes aufschreiben, dann abwärts fortsetzen). Fühle dich in die einzelnen Situationen hinein. Wie fühlst du dich in dieser Situation? Erinnert dich das mitschwingende Gefühl dieser Situation an ein Erlebnis aus der Vergangenheit? Wenn du Parallelen erkennst, schreibe deine Gedanken auf (auch wenn sie zunächst wirr erscheinen) – wir werden sie zu einem späteren Zeitpunkt noch einmal aufgreifen.

Merke:

- Dass du dich in bestimmten Situationen provoziert fühlst, hat einen Grund.
- Dass du in alte Muster verfällst und deinen Kindern drohst, hat einen Grund.
- Dass dein Fass überläuft und du deine Kinder anschreist, hat einen Grund.

Erholungszeit für dich im Alltag

Wenn du denkst, dass der Tag mehr Stunden haben sollte, um all die Aufgaben zu erledigen, bist du noch im Galoppschritt in deinem Hamsterrad unterwegs.

Wir haben herausgefunden, dass

- jeder Mensch gleich viel Zeit am Tag hat und es eine Frage der Priorisierung ist, wie die Zeit eingesetzt wird,
- es in deiner Verantwortung liegt, dir Zeitfenster für dich einzuräumen.

Fakt ist: Du nimmst dich selbst nicht wichtig genug. Weil du dich permanent um die Belange deiner Familie (und anderer Personen) kümmerst, bleiben weder Energie noch Zeit, um für dich und deine Bedürfnisse zu sorgen.

Vom Überlebens- zum Schöpfermodus

Jedes menschliche Wesen strebt sowohl nach Bindung als auch nach Autonomie/Selbstwirksamkeit. Auch das sind Grundbedürfnisse unserer menschlichen Existenz. Betreuen wir ununterbrochen kleine Kinder, ist das Bedürfnis nach Bindung höchstwahrscheinlich gesättigt. Es fehlt an Selbstwirksamkeit und Autonomie-Empfinden. Sind die Kinder noch sehr klein, brauchen sie unentwegt Betreuung, Aufmerksamkeit und Unterstützung. Da bleibt für die Betreuungsperson kaum Zeit für sich selbst. Gehen die Äuglein am Morgen auf, fordert das kleine Wesen direkt deine Aufmerksamkeit, sucht deine Nähe, deine Geborgenheit, möchte versorgt werden und gemeinsam mit dir „spielen" (je nach Entwicklungsstand). Du kümmerst dich nebenbei um den Haushalt, vielleicht um ein oder mehrere ältere Geschwister, Hausaufgaben, Dreckwäsche, Ernährung, Einkauf, tauschst Sommer- gegen Wintersachen, sortierst zu klein gewordene Kleidung aus, organisierst Bastelmaterial, vereinbarst Arzttermine, lädst die Großeltern zu Kaffee und Kuchen ein und pflegst die Kinder, wenn sie krank sind. Wo sollen da noch deine eigenen Bedürfnisse Platz finden? Solange du dich überwiegend allein um all die Aufgaben kümmerst und exakt so weitermachst wie bisher, wird sich von selbst kein Zeitfenster auftun.

Wenn deinem Bedürfnis nach Autonomie und Selbstwirksamkeit über einen längeren Zeitraum keine Aufmerksamkeit geschenkt wird, entstehen Unzufriedenheit, üble Laune, Unausgeglichenheit und Erschöpfungszustände.

Die Tatsache, dass du im „Mental-load-Hamsterrad" keine Zeit für dich findest, um frei entscheiden zu können, was du gerade nur für dich und deine Seele tun möchtest, kann sich langfristig auf alle Lebensbereiche auswirken. Dieses Gefühl des „Funktionierens" und der Fremdbestimmung fühlt sich mit der Zeit an wie ein „Leben auf Autopilot". Erkennst du dich hier wieder? Dann befindest du dich aktuell im Überlebensmodus (was zeitweise auch normal ist). Doch wenn du es nicht aus eigener Kraft schaffst, wieder in den Schöpfermodus zu wechseln, solltest du hellhörig werden. Du läufst Gefahr, auf einen „Mutter-Burnout" zuzusteuern. Dies ist nicht nur ein Modewort, sondern beschreibt einen pathologischen Zustand. Er tritt ein, wenn du zu lange im Galopp rennst und plötzlich nichts mehr geht.

Du hast bereits gelesen, dass sich die ersten Warnsignale heimlich, still und leise ankündigen. Meistens werden sie ignoriert, beiseitegeschoben und es wird weiter durchgepowert. Dem folgen körperliche Symptome und der heimliche Wunsch „ganz weit weg zu sein". Kaum eine Mama spricht ihn laut aus (vielleicht einmal in der Wut). „Weit weg sein“ funktioniert in der Realität nur online, wenn sich eine kleine Pause ergibt und du dich in den sozialen Netzwerken verlierst oder etwas bestellst (vermutlich etwas für die Kinder, denn du selbst stellst dich hintan). Du „beamst“ dich förmlich in eine andere Welt, denn es ist unkompliziert und geht schnell. Zudem werden Glückshormone produziert und du bist kurz vom Alltag abgelenkt. Doch was zurückbleibt, ist ein schlechtes Gefühl. Du bist nicht schlauer geworden, du hast nichts produziert, du hattest keinen echten menschlichen Kontakt und durch die schnelle Überreizung bist du auch nicht wirklich erholt.

Doch es gibt eine Steigerung dessen: Dein Partner und du sitzt gemeinsam einsam auf dem Sofa nebeneinander, jeder in seine eigene virtuelle Welt vertieft und nicht in echtem Kontakt. Du weißt, dass das auf Dauer nicht wirklich Erholung bringt oder für ein besseres Miteinander sorgt – und trotzdem greift deine Hand in kleinen Pausen automatisch nach dem Handy. Darf ich ehrlich sein? Dies ist deine (Lebens-)Zeit, in der du dich gerade „betäubst“, während deine Uhr weiterläuft. Es liegt allein an dir, das zu ändern. Alles ist nur eine Entscheidung weit entfernt.

Ich erzähle dir jetzt von einer Methode, die meinen Mama-Alltag nachhaltig verändert hat. Sie nennt sich *„Miracle Morning“*.

Ich stehe für deren Umsetzung eine Stunde vor meiner Familie auf. Ich gebe zu, dass das anfangs noch schwer umsetzbar war, da ich mit meiner Tochter in einem Bett schlief und sie meistens munter wurde, wenn ich versuchte, mich wegzuschleichen. Doch ich blieb dran und mit der Zeit funktionierte es immer besser.

1. Noch während ich im Bett liege, frage ich mich, was der Tag heute bringt und was ich dafür tun kann, damit er (trotz vieler Aufgaben) ein guter Tag wird. Ich spüre ein paar Minuten in mich hinein, wie es mir geht und was ich gerade brauche.

2. Ich hydriere meinen Körper mit lauwarmem Zitronenwasser und gebe ihm zurück, was er in der Nacht verloren hat. Schluck für Schluck genieße ich das Getränk (bevor ich mir anschließend einen Kaffee zubereite).

3. Es folgt eine kleine Bewegungseinheit: Stretching, Yoga oder ein paar Sportübungen – je nachdem, wonach mir an diesem Morgen ist.

4. Dann lese ich ein Kapitel eines Buches, denn abends bin ich oftmals zu müde zum Lesen. Der Wunsch nach Weiterbildung ist aber vorhanden.

5. Zu guter Letzt mache ich mich fertig, dusche mich schnell und mache mich zurecht, bevor ich meine Tochter wecke. Ich kann ihr all meine Aufmerksamkeit schenken, weil ich bereits fertig bin und mir selbst schon so viel Gutes tun konnte.

Mir bewusst diese Zeit am Morgen zu nehmen, wenn eine „heilige Stille" in der Wohnung herrscht, hat wirklich sehr viel bewirkt. Nun stelle dir mal vor, du hast bereits fünf

Dinge erledigt, bevor der Rest der Bande wach ist – großartig, oder? Dieses Gefühl von „Ich habe endlich etwas Energie tanken können“ wird dich den gesamten Tag über begleiten und eine gewisse Vorfreude auf den kommenden Morgen schüren. Dafür lohnt sich das frühere „Aus-dem-Bett-Quälen“ wirklich!

Starte direkt morgen früh und probiere den „Miracle Morning“ eine Woche lang für dich aus. Notiere am Abend, bis zu welchem Punkt du gekommen bist und welches Gefühl die Methode in dir geweckt hat. Hat dir die neue Morgenroutine gutgetan, dann setze sie nach dem Wochenende fort.

Die Inhalte und Zeitabschnitte meines *„Miracle Mornings“* sind natürlich variabel. So habe ich sie für mich im Tagesablauf integriert. Es klappt auch nicht immer, aber wenn ich bis zum dritten Punkt gekommen bin und mein Kind wach wird, bin ich trotzdem dankbar für die drei Dinge, die ich in Ruhe für mich tun konnte. Hinzu kommt der Zeitfaktor: Wenn meine Tochter vor dem Wecker wach wird, haben wir gemeinsam mehr Zeit für die Morgenroutine. Auch mal schön!

Morgens ist der Geist noch frisch. Dein Kind hat so viel davon, wenn du es mit guter Laune und einer großen Portion Gelassenheit in den Tag begleiten kannst. Bedenke auch deine Vorbildfunktion. Was wird dein Kind mit in sein Leben nehmen, wenn es stets ein meckerndes und antreibendes Elternteil erlebt? Wie empfindest du es, wenn dein Gegenüber bereits am Morgen üble Laune verbreitet? Das kann sich auf alle Familienmitglieder übertragen.

Merke:

- Dass du für dich keine Erholungszeiten in deinen Tagesablauf einplanst, hat einen Grund.
- Dass du dich und deine Bedürfnisse stets ganz hintanstellst, hat einen Grund.
- Dass du auf Unterstützung von außen hoffst und immer wieder enttäuscht wirst, hat einen Grund.

Lass uns mal schauen, wo diese Aspekte in deinem Inneren „vergraben“ sind.

Die Psyche als Ursache

Deine Gedanken erschaffen deine Realität

Dass du dich „getrieben“ fühlst, ist das Resultat verschiedener Faktoren, die zusammenkommen (erinnere dich an dein Stressoren-Hamsterrad). Die verschiedenen Bestandteile wirkt sich auf dein Gesamtempfinden aus. In deinem Rad drehen sich alle Elemente um einen Ursprung: Der bist DU.

Der Prozess beginnt heimlich, still und leise: Deine Stressoren machen sich anfangs zunächst zart bemerkbar. In bestimmten Lebensphasen wie zum Beispiel der Grundschulzeit, während des Abiturs oder des Studiums haben sich möglicherweise schon erste Anzeichen von Überforderung auf psychischer oder physischer Ebene bemerkbar gemacht. Allerdings können auch einschneidende Erlebnisse oder Ereignisse in deinem Leben die Ursache gewesen sein. Dazu zählen zum Beispiel die Trennung der Eltern, ein Umzug oder Schulwechsel, der Verlust eines geliebten Menschen oder der Beginn deines Mutterseins. Gehe gedanklich zurück zu einem Lebensabschnitt, der sich anstrengend angefühlt hat. Das hat sich auf emotionaler Ebene in Form von Gereiztheit, Niedergeschlagenheit, Müdigkeit, Lustlosigkeit und/oder Antriebslosigkeit gezeigt. An welchem Punkt in deinem Leben hast du diese Symptome wahrgenommen? In Momenten der Krise ist es schwierig, sich herauszuzoomen und zu reflektieren. Doch rückwirkend gesehen, mit Abstand zur Situation, ergeben manche Dinge plötzlich einen Sinn. Meine Mentorin sagte einmal: „Leben wird vorwärts gelebt – und rückwärts verstanden." Ein Satz, der mir gedanklich regelmäßig begegnet. Wenn du nun zurückdenkst an eine herausfordernde Phase deines Lebens, kannst du die damaligen Begleiterscheinungen möglicherweise neu einordnen.

Wird den psychischen Symptomen keine Aufmerksamkeit geschenkt, muss sich dein Körper deutlicher bemerkbar machen: etwa durch Verspannungen, Schweißausbrüche,

Magenschmerzen, Durchfall, Herzrasen und/oder Kopfschmerzen. Das Zusammenspiel aus psychischen und physischen stressbedingten Symptomen führt zu Verhaltensänderungen. Klar, wie verhält man sich seinem Partner oder seinen Kindern gegenüber, wenn das Baby in der Nacht kaum zur Ruhe kam und man selbst keine Erholung gefunden hat? Richtig! Die Toleranzgrenze sinkt auf ein Minimalniveau. Geduld ist kaum noch vorhanden und der Wunsch bzw. das Grundbedürfnis nach Erholung ist so enorm stark, dass jede zusätzliche Aufgabe zu groß erscheint. Daher wird viel schneller geschimpft oder gedroht, Streit entsteht. Auch die Willensstärke lässt nach, man greift viel schneller zu Suchtmitteln (ja, auch Schokolade oder andere Süßigkeiten zählen zu dieser Kategorie). Wird all diesen Symptomen keine Beachtung geschenkt, besteht die Gefahr, ernsthaft zu erkranken. Keine Seltenheit sind psychosomatische Störungen, Depressionen, Libidoverlust, Schlafstörungen, Diabetes, Herz-Kreislauf-Erkrankungen, Magengeschwüre, soziale Isolation, lange Fehlzeiten am Arbeitsplatz und Partnerschaftsprobleme.

Du kannst schon einige der beschriebenen Symptome bei dir wahrnehmen? Achtung! Dann ist schon jetzt der Punkt erreicht, an dem du tätig werden musst! Zunächst hast du dieses Buch zur Hand genommen. Wunderbar! Das ist der erste Schritt. In deinem Bewusstsein ist das Signal angekommen, dass du etwas verändern solltest, weil die momentane Situation auf Dauer nicht mehr tragbar ist. Leider muss das empfundene Leid oftmals erst so groß werden, dass wir gezwungen sind zu handeln.

Wie du anhand deines Stressoren-Rads erkennen kannst, gibt es mehrere Bereiche, die deiner Aufmerksamkeit bedürfen. Keine Sorge, mithilfe dieses Buches wirst du Schritt für Schritt angeleitet, um neue Handlungsmöglichkeiten kennenzulernen und sie in deinen Alltag integrieren zu können. Das eröffnet dir ein mental stärkeres Mutterleben und die Möglichkeit, deine Kinder möglichst ausgeglichen auf die Herausforderungen des Lebens vorzubereiten. Hast du dir schon einmal dabei zugehört, wie du mit dir sprichst? Stehst du dir im inneren Dialog wohlwollend gegenüber? Baust du dich während oder nach einer Krise verbal wieder auf und spendest dir Trost? Oder verurteilst du dich, wenn dir etwas misslungen ist, du mit deinem Kind geschimpft oder du dir doch wieder mehr aufgeladen hast als du (entspannt) umsetzen kannst?

Alle Faktoren deines Stressoren-Rads wirken sich auf dein Denken, Fühlen und Handeln aus. Die Gedankenmuster sind ausschließlich in deinem Kopf vorhanden. Deine eigenen Stressoren hast du bereits in dein Bewusstsein geholt und aufgedeckt. Der nächste Schritt besteht darin, sie zu hinterfragen und ihren Wahrheitsgehalt zu überprüfen. Dein Gehirn ist ein Hochleistungsautomat, der unglaublich viel Leistung erbringt, dich aber auch auf falsche Fährten führen kann. Ich erkläre es wieder anhand des Kuchens für das Sommerfest im Kindergarten: Wieder einmal hatte ich mich bereit erklärt, einen Kuchen für das Sommerfest zu backen und somit einen Beitrag für die kleine Gemeinschaft zu leisten. Warum hatte ich das getan? Die Kuchenliste erschien mir leer, in mir wurde das Gefühl ausgelöst, helfen zu wollen. Warum möchte ich so gerne helfen? Weil ich anderen gern Gutes tue und das Ganze mit Dankbarkeit verbunden ist. Im Ur-Kern wollte ich einen Beitrag zur Gemeinschaft leisten, Anerkennung bekommen und nicht enttäuschen. In diesen Punkten spiegeln sich meine Glaubenssätze wider. Dazu später mehr. Generell backe ich gerne, weshalb es mir nicht als Belastung erschien zu dem Zeitpunkt, als ich mich in die Liste eintrug. Doch eigentlich ist mein Alltag derzeit so ausgefüllt, dass ich mir zusätzliche Aufgaben nicht zumuten sollte (die Folge kenne ich ja bereits). Wie es anders gehen kann?

Rational denken: Ich sehe, die Liste ist noch leer. Schade, dass sich immer dieselben zur Unterstützung melden. Als Elternbeirat könnte ich andere Eltern aktiv ansprechen und sie um Unterstützung bitten. Eine weitere Möglichkeit ist, gekauftes Gebäck zur Verfügung zu stellen (schmeckt auch). Bin ich dafür verantwortlich, das Buffet zu füllen? Nein! Es handelte sich um eine Frage nach Unterstützung – eine Frage, also kein Muss. Weshalb wir uns oftmals innerlich gedrängt fühlen, solche Dinge zu tun, liegt allein daran, dass wir anderen gefallen wollen. Wir möchten Anerkennung, Aufmerksamkeit und Dankbarkeit. Das ist an sich nichts Verwerfliches. Jeder Mensch strebt nach positiver Rückkopplung, die uns in unserem Selbstwert bestätigt. Es entspricht unseren psychologischen Grundprinzipien, dass wir Teil der Gesellschaft sein wollen, denn als soziale Wesen können wir nicht ohne andere Menschen leben. Jeder Mensch strebt nach Anerkennung und Autonomie.

Herzlich willkommen! Du bist angekommen, gefangen in deinem eigenen Hamsterrad des „mental overload". Es ist ein dir eigenes Hamsterrad, weil es zwar vielen Müttern ähnlich geht wie dir, jedoch die empfundene Belastungsgrenze bei jeder Person individuell unterschiedlich ist. Vielleicht gehörst du auch zu den Menschen, die regelmäßig „katastrophisieren", also sich in den buntesten Farben ausmalen, was alles schiefgehen könnte. Das führt zu enormem mentalen Stress. Ab sofort darfst du ein Bewusstsein für deine eigenen mentalen Gesundheitsbedürfnisse entwickeln. Wie das geht, erfährst du in den folgenden Kapiteln.

Doch wo liegt der Ursprung unserer Verhaltensweisen?

Kognitive Entwicklung

Evolutionär gesehen sind wir Menschen Rudeltiere. Ein Blick in die Geschichte der Menschheit verrät dir, dass unsere Spezies über Jahrhunderte hinweg in sozialen Gefügen gelebt hat, in der verschiedene Generationen miteinander verschmolzen waren.

Mit Beginn der Industriellen Revolution hat sich in den westlichen Staaten die Kleinfamilie (Mutter, Vater, Kinder = zwei Generationen, die zusammenleben) herausgebildet. Wir leben dieses Modell erst seit 200 Jahren. Inzwischen hat sich anhand diverser Studien gezeigt, dass die Lebensumstände erheblich erschwert sind, wenn beide Elternteile berufstätig sind und ihre Kinder beim Aufwachsen begleiten und nebenbei persönliche Ziele erreichen wollen. Nicht ohne Grund gibt es ein afrikanisches Sprichwort, das besagt: „Es braucht ein ganzes Dorf, um ein Kind großzuziehen."

In einer Mehrgenerationen-Gemeinschaft zu leben, birgt sowohl Chancen als auch Risiken. Nicht jede Herkunftsfamilie erweist sich als geeignet. Doch müssen Gemeinschaften ausschließlich blutsverwandt sein? Wie paradox ist es, dass wir Dienstleister bezahlen, um notwendige Dinge „erledigen zu lassen", anstatt die Ältesten der Gesellschaft mit einzubeziehen?

Wenn ich mich umsehe, nehme ich immer wieder mit Schrecken wahr, wie viele Senioren in Einsamkeit ihren Lebensabend verbringen – ohne Gemeinschaft, ohne eine sinnvolle Aufgabe, ohne Liebe.

Lass uns den Gedanken einmal weiterführen: Würden wir diese alten Menschen in unser separiertes Leben mit einbeziehen (und damit meine ich nicht nur Blutsverwandte), könnten sich Eltern entspannen, weil die Kleinsten zeitweise betreut und gefördert wären. Die Kinder würden volle Aufmerksamkeit und Herzlichkeit erfahren (zum Beispiel beim Thema Hausaufgaben, Lesen oder Rechnen). Der einbezogene ältere Mensch könnte wieder einen Lebenssinn in Bezug auf Bindung und Selbstwirksamkeit verspüren sowie seinen Platz in der Gesellschaft finden. Es gibt bereits großartige Konzepte, mit denen Alt und Jung zusammengeführt werden. Die älteren Menschen dürfen kurz ihre körperlichen Gebrechen vergessen und sich ganz dem jungen Menschen widmen.

Übung:

Stell dir vor, dein Kind würde zweimal in der Woche von einer vertrauenswürdigen Betreuungsperson abgeholt werden. Wenn du eintriffst, wurde bereits gespielt oder die Hausaufgaben sind erledigt und zusätzlich wartet Kuchen auf dem Tisch, den die beiden gemeinsam gezaubert haben?

Nun fragst du dich vielleicht, wer kommt dafür infrage?

Natürlich muss zu dieser Person Vertrauen aufgebaut und mit ihr explizit die Aufgabenbereiche besprochen werden. Aber möglich ist es! Schaue mal im Internet nach, ob dein

Wohngebiet derartige Projekte zur Vermittlung anbietet. Oder hast du vielleicht eine/n sympathische/n Nachbarin/ Nachbarn? Warum nicht einfach einmal zu einer Tasse Kaffee einladen und den Gedanken laut aussprechen?

Viel zu oft denken wir, dass wir unsere Kinder den anderen nicht „zumuten“ können. Erstens ist es für einige Menschen eine wahre Freude, sich mit einem jungen Wesen auseinandersetzen zu dürfen (!), und zweitens müssen wir uns von dem Gedanken befreien, dafür im Gegenzug immer etwas anbieten zu müssen. Unsere Psyche möchte immer einen Ausgleich schaffen. Das ist normal, aber nicht notwendig. Drittens wäre es für die Kinder eine Bereicherung, ungeteilte Aufmerksamkeit zu genießen und sich neuen Einflüssen auszusetzen. Dies birgt eine Chance, persönlich zu wachsen. Alle Beteiligten würden von einem solchen Modell ausschließlich profitieren.

Da ist also auf der einen Seite die strukturelle Herausforderung, dass ihr in einer Kernfamilie als berufstätige Eltern weitestgehend auf euch allein gestellt seid und es einer permanenten Verteilung der unendlich vielen Aufgaben bedarf. Auf der anderen Seite kommt deine persönliche Herausforderung hinzu. Sie ist begründet in den eigenen Ansprüchen an dich selbst, den Ansprüchen der Gesellschaft dir gegenüber und in den empfundenen Lasten.

Nimm deinen Stift zur Hand, lehne dich zurück und stelle dir folgende Fragen:

Übung:

„Welche Werte sind mir für meine Familie wichtig?" (Beispiele: gesunde Ernährung, Bewegung, Nachhaltigkeit, soziale Kontakte, Pünktlichkeit)

Übung:

„Wie kann ich Dinge, die mich Zeit kosten und in Stress versetzen, vereinfachen/reduzieren?"
(Beispiel: Kuchen für Kita-Fest kaufen statt selbst backen)

Übung:

„Was passiert, wenn ich jedem einzelnen Wert die Bedeutung entziehe?"

(Praktisches Beispiel: Ich koche nicht mehr jeden Babybrei mit vollwertiger Bio-Rezeptur, sondern wähle hin und wieder den einfachen Weg und füttere mein Kind mit gekauftem Brei.)

Persönliche Werte können den Alltag enorm erschweren. Grund dafür ist, dass du deine Rolle als Mama besonders gut umsetzen und dem kleinen Menschlein die besten Bedingungen zum Lebensbeginn bieten möchtest. Doch woher sollst du wissen, wie Mutterschaft „richtig" funktioniert? Sowohl der mediale Einfluss als auch die frühkindlichen Prägungen der eigenen Bindungspersonen bieten (leider nicht immer vorteilhafte) Richt- und Erfahrungswerte. Da sich die Elternschaft verändert hat, werden eigene erzieherische Erfahrungen (oftmals Machthierarchien, Bestrafungen, Gewalt, autoritärer Erziehungsstil) bewusst abgelehnt und ins Gegenteil verkehrt. Hier besteht die Gefahr, unbewusst das andere Extrem anzuwenden. So entsteht eine Grundhaltung, die sowohl bindungs- als auch bedürfnisorientiert ist, dabei aber Grenzen und Regeln aus den Augen verliert. An dieser Stelle möchte ich betonen, wie wichtig diese „Leitplanken" für eine gesunde, emotionale Entwicklung von Kindern sind. Regeln und Grenzen bieten Sicherheit und Orientierung. In meiner sozialpädagogischen Arbeit begegneten mir oft „grenzenlose Kinder", die mit auffälligem Verhalten förmlich Grenzen einforderten. Mitbestimmung und Transparenz erachte ich als unerlässlich, jedoch innerhalb der dem jeweiligen Alter entsprechenden Möglichkeiten. Erwachsenen-Themen sind für Kinderohren nicht geeignet. Auswahlmöglichkeiten überfordern, wenn sie zu vielfältig sind. Es bieten sich Möglichkeiten des persönlichen Wachstums, wenn Kinder innerhalb der Familienregeln lernen, mit Krisen umzugehen, wie beispielsweise mein Kind, das jeden Montag gern im heimischen Nest bleiben und nicht in den Kindergarten gehen möchte und trotzdem liebevoll hingebracht wird. Hier gilt es, einfühlsam zu begleiten und Regeln einzuhalten (ansonsten würde der gesamte Familienalltag für die anderen Mitglieder ins Wanken geraten). Nachdem sie den Widerstand überwunden hat, kann meine Tochter das Spiel unter Gleichaltrigen sogar mehr genießen, als das zu Hause der Fall gewesen wäre.

Genau das ist der Kern: den grundlegenden Familienalltag vorhersehbar gestalten und Regeln, die für alle gelten, formulieren. Natürlich beleben Ausnahmen den Alltag, doch eine grundlegende Struktur ist für die Entwicklung der psychischen Widerstandskraft von Vorteil.

Doch wo liegt der Ursprung der kognitiven Entwicklung und was hat das mit Stressempfinden zu tun?

Jeder Mensch sollte sich gegenüber anderen Menschen als gleichwertig betrachten. Allein durch die Tatsache, dass wir auf ähnliche Art und Weise geboren werden, erfüllende Lebensziele verfolgen und am Ende des Lebens sterben werden, sind wir gleichwertig. Jeder Mensch hat das Recht auf Leben. Ist dieses Empfinden gestört, kann das zu Minderwertigkeitsgefühlen führen, die oftmals lebenslang kompensiert werden. Bereits genetisch vererbte Traumata, pränatale Prägungen im Mutterleib sowie die Annahme durch Bindungspersonen beeinflussen das subjektive Empfinden im frühkindlichen Stadium erheblich und ergeben die ersten „Autobahnspuren" im Gehirn. Diese „Autobahnspuren" bilden wiederum die Grundlage für unser Erleben und Empfinden. Eine Reihe an Erfahrungen gepaart mit (noch naiven) Interpretationen führen zur persönlichen Weltsicht. Jeder Mensch sieht also das Leben durch seine individuell gefärbte Brille. Daher gibt es auch nicht „die Wahrheit", sondern jeder Mensch hat „seine Wahrheit". Für jedes Individuum ist Realität ein Konstrukt seiner Sinneswahrnehmungen und Interpretationen (Konstruktivismus). Im Unterbewusstsein laufen binnen Millisekunden viele Mechanismen ab, die zu Bewertungen, Einschätzungen und Empfindungen führen. Pro Sekunde wird unser Gehirn mit ca. 11 Millionen Sinneseindrücken konfrontiert. Davon nehmen wir nur etwa 40 bewusst wahr. Zu Recht, denn mit der gesamten Masse wäre der Denkapparat schnell überfordert. Daher wird sondiert, um vor Überlastung zu schützen.

Stressempfinden ist subjektiv. Das kann ich nicht oft genug wiederholen. Durch individuelle Prägungen wie zum Beispiel das Erleben der eigenen Eltern oder Bezugspersonen lernen wir schon sehr früh, welche Situationen von ihnen als stressig empfunden wurden, wie sich unsere Bezugspersonen in stressigen Situationen verhielten, was gesagt wurde und welche Folgen eingetreten sind. Wir alle wurden von Beginn unseres Lebens an sozialisiert. Nicht nur Bindungspersonen hatten Einfluss auf uns, auch PädagogInnen, FreundInnen, LehrerInnen, TrainerInnen und diverse andere Menschen, mit denen wir in Kontakt getreten sind. Verschiedene Menschen bringen unterschiedliche Erwartungshaltungen, Ansprüche und eigene Erfahrungen mit, die sich auf das kindliche Empfinden und Erleben auswirken. Halte kurz inne und überlege, welche Person, die sich außerhalb deines engen Familienkreises befand, Einfluss auf dich hatte (sowohl positiv als auch negativ). Verblüffend ist, dass manchmal ein kurzes Zusammentreffen reicht, um einen nachhaltigen Eindruck zu hinterlassen. Dass du dich noch daran erinnern kannst, liegt daran, dass diese Person in dir stärkere Emotionen hervorgerufen hat. Bei mir war es beispielsweise die Klassenlehrerin der zweiten Klasse, die sehr viel von ihren eigenen Kriegserlebnissen erzählt und vorausgesagt hat, dass im Jahr 2000 die Welt untergehen würde. Dies hat bei mir (logischerweise) Angst und Unsicherheit ausgelöst. Diese Frau werde ich wohl niemals vergessen. Schlägt die Gefühlskurve stark aus – in die positive oder negative Richtung –, werden Erinnerungen mit dieser Emotion verknüpft und langfristig gespeichert.

Das logische Denken entwickelt sich erst im Schuleintrittsalter. Vorher werden die Zustände im engsten Lebensraum als „die Realität" wahrgenommen und verinnerlicht. Somit habe ich dieser Frau zunächst geglaubt und eine tatsächliche Angst entwickelt. Mein Erfahrungswissen war noch nicht ausgereift genug, um einzuordnen, dass es sich um eine subjektive Annahme dieser Frau handelte. Die wenigen Sätze dieser Frau haben ausgereicht, um bei mir so eine starke Emotion hervorzurufen, dass ich sie bis heute nicht vergessen habe. Ich möchte an dieser Stelle verdeutlichen, dass sowohl dein Handeln als auch deine Worte eine unglaubliche Kraft besitzen.

Ob wir uns zufrieden oder gestresst fühlen, hängt sowohl von den Erwartungen als auch von den Wünschen ab. Wir streben stets nach Konsistenz, was bedeutet, dass Erwartungen und Wünsche im Einklang sind. Gerade in der Elternschaft gehen diese beiden Komponenten weit auseinander, was die Ursache für Stressempfinden ist.

Ein Beispiel aus der Reihe morgendlicher Stresssituationen einer Mutter: Aufgeregt läuft die Mutter durch die Wohnung, sucht etwas. Ihr Gesichtsausdruck ist angespannt, Falten sind auf ihrer Stirn erkennbar. Lädt das vierjährige Kind sie zum Mitspielen ein, ist ihre Stimme durchdringlich, laut und von kurzen, klaren Sätzen gekennzeichnet. Während sie in den nächsten Raum läuft, sagt sie ohne Blickkontakt: „Nein, das geht jetzt nicht. Ich muss gleich los." Nebenbei nimmt sie augenrollend und mit den Worten „oh nein, auch das noch!" einen Telefonanruf entgegen, nippt kurz am erkalteten Kaffee. Sie zieht sich die Schuhe an, während sie laut artikulierend die Tür ins Schloss fallen lässt, dabei klemmt sie sich den Finger und ruft unüberhörbar: „So eine Kacke!" Das Kind bleibt zurück, denn heute wird es von Papa in den Kindergarten gebracht.

Die Mutter steht zeitlich unter Druck, versucht mehrere Dinge gleichzeitig zu tun, hat in diesem Moment keine Aufmerksamkeit für das Kind übrig und verletzt sich aufgrund ihrer Eile. Das Kind, das über das Spiel Kontakt, Aufmerksamkeit und Bestätigung sucht, wird zurückgewiesen. In seiner kindlichen Denkweise bezieht es alle Reaktionen der Mutter auf sich. Statt zu denken: „Meine Mama ist in Eile, sie sollte eher aufstehen, um nicht jeden Morgen in stressige Situationen zu geraten", oder auch: „Meine Mama ist überarbeitet, sie braucht eine Pause, vielleicht in Form einer Kur", denkt es: „Ich bin meiner Mama nicht wichtig."

In diesem frühen Stadium der kognitiven Entwicklung kann nur egozentrisch gedacht werden, das heißt, die Kinder beziehen alles auf sich. Sie betrachten die Welt durch ihre Brille, stets mit dem Fokus auf sich selbst gerichtet. Beispielsweise läuft das Kind gegen den Stuhl, der im Weg steht. Das Kind denkt nicht: „Huch, ich hätte ausweichen sollen!“, sondern: „Blöder Stuhl!“ Vielleicht hast du solch eine oder ähnliche Aussagen schon einmal aus dem Mund deines Kindes vernommen. Wie die Bezuspersonen in verschiedenen Situationen reagieren und handeln, wird als „richtig“ akzeptiert. Hier werden Grundlagen für das gesamte spätere Leben gelegt, Werte verinnerlicht und Verhaltensmuster zum Teil übernommen. Die Bindungspersonen sind die ersten Rollenvorbilder der Kinder und haben mit ihrem Verhalten und den gesprochenen Worten einen sehr starken Einfluss auf die kindliche Entwicklung. Hier entstehen Glaubenssätze. Halte kurz inne und frage dich, wie du deine Eltern/Bezugspersonen in stressigen Situationen wahrgenommen hast. Kannst du Parallelen zu deiner jetzigen Wahrnehmung erkennen?

Wir werden von unseren Bindungspersonen jedoch nicht ausschließlich negativ geprägt, keine Sorge. Jedes Familienmitglied bringt seine persönliche Geschichte mit in die Beziehung. Sind es in einer Familie unterschiedliche Ansichten über Erziehung, besteht in der nächsten Familie eine Suchtproblematik. Wieder andere müssen sich mit pflegebedürftigen Angehörigen oder eigenen Erkrankungen auseinandersetzen. Manche Familien nehmen Pflegekinder auf, haben ihre persönlichen Herausforderungen mit der Behinderung ihres eigenen Kindes oder vollziehen gerade eine Trennung. Selbst in gut situierten Familien gilt es, Herausforderungen zu meistern – sei es, dass beispielsweise Anerkennung nur in Verbindung mit Leistung gewährt wird, oder mangelnde Zuwendung. Die zwischenmenschlichen Herausforderungen, die ein jedes Kind vorfindet, sind unabhängig von Status, Geburtenreihenfolge oder Lebens verhältnissen.

Du siehst, keine Familie hat die „perfekten Bedingungen“ – und überhaupt, was ist schon „perfekt“? Jedes Kind wird in seinem Leben vor Herausforderungen gestellt, die es zu meistern gilt. Welche psychologischen Grundfaktoren dabei eine wichtige Rolle spielen, erfährst du im nächsten Kapitel. Wie du in stressigen Situationen denkst, fühlst und handelst, ist zum einen von deiner Resilienz (deiner psychischen Widerstandsfähigkeit) abhängig und zum anderen von deinen in der Kindheit gebildeten Glaubenssätzen. Wie im Beispiel mit der gestressten Mutter skizziert, hat das Kind für sich aus diesen immer wiederkehrenden Situationen, in denen es seine Mutter erlebt, seine Glaubenssätze entwickelt. Es sind Annahmen, die verinnerlicht und nun auf diverse Situationen übertragen werden. Annahmen, die die subjektive Wahrnehmung untermauern und immer wieder Bestätigung finden.

Das Kind aus dem Beispiel könnte daraus vielleicht für sich ableiten:

- „Ich bin nicht wichtig.“
- „Ich bin nicht gut genug.“
- „Ich darf anderen nicht zur Last fallen.“

Dass das Verhalten der Bindungsperson und die kindliche (noch naive) Schlussfolgerung solch weitreichende Auswirkungen haben können, ist den meisten Menschen nicht bewusst.

An dieser Stelle möchte ich dir sagen, dass wir alle Verhaltensweisen mitbringen, die nicht immer wohlwollend, auf Augenhöhe und zugewandt sind. JEDE Mutter schimpft, nörgelt und schnippt mal aus der Hose. Davon wird dein Kind keinen Schaden nehmen. Es sei denn, dies ist ein Dauerzustand und dein Kind kennt keine wertschätzende und liebevolle Seite von dir. Dann bitte umgehend einen Beratungstermin bei einem Spezialisten vereinbaren!

Durch meine langjährigen sozialpädagogischen Erfahrungen in diversen Einsatzbereichen habe ich festgestellt, dass auch Kinder aus prekären Verhältnissen Chancen auf ein „normales" Leben bekommen. Die Voraussetzung dafür ist ein gewisses Maß an Resilienz (psychische Widerstandsfähigkeit) und Hoffnung. Diese Hoffnung kann durch Hilfe von außen entstehen. Sei es eine Lehrerin, die an das Kind geglaubt und es gefördert hat. Oder es war der Freund von Papa, der sich Zeit genommen und mit ehrlichem Interesse nachgefragt hat, wie es dem Kind wirklich geht. Manchmal muss sich die Kinder- und Jugendhilfe einschalten, um das Kindeswohl zu schützen und der Familie Unterstützung anzubieten. Auch hier können nachhaltige Beziehungen entstehen, selbst in einer unterstützenden Form, die nur auf eine bestimmte Dauer angelegt ist.

Vielleicht waren deine Eltern voll berufstätig und du hast dadurch einen großen Teil deiner Kindheit bei deinen

Großeltern verbracht. Oder du hast zu den sogenannten „Schlüsselkindern“ gehört, die nach der Schule allein oder mit Geschwistern zu Hause waren, bis das erste Elternteil von der Arbeit heimkam. Möglicherweise war eine Nachbarin deine Ansprechpartnerin, wenn du Unterstützung benötigt hast. Es müssen nicht zwingend die Eltern sein, in denen wir enge Vertraute finden. Manchmal sind es Wegbegleiter, die in einer bestimmten Episode des Lebens auftauchen und auch wieder verschwinden. Doch diese Menschen können einen großen positiven Einfluss auf die Kinderseele haben.

Als ich selbst Mutter wurde, war ich mit starken, bisher nie dagewesenen Gefühlen konfrontiert. Bei genauerem Hinsehen bemerkte ich, dass es sich hierbei um „überlieferte Gefühle“ meiner Mutter handelte. Es waren nicht meine. Es waren ihre. Durch intensive Aufarbeitung lernte ich, dies voneinander zu trennen. Als ich mich mit ihrer Geschichte und der DDR-Zeit beschäftigte, fiel es mir wie Schuppen von den Augen: Plötzlich ergaben viele meiner Gefühle endlich einen Sinn!

Ich lade dich ein, dich unbedingt mit der Geschichte deiner Vorfahren zu beschäftigen, um für dein eigenes Leben wichtige Schlüsse zu ziehen. Es kann dein Leben nachhaltig verändern! Nur wer die Vergangenheit versteht, kann aktiv auf die Gegenwart einwirken und die persönliche Zukunft – und somit auch die des eigenen Kindes – beeinflussen.

Ich bin in Thüringen aufgewachsen und habe noch zweieinhalb Jahre in der DDR gelebt. Aktiv erinnern kann ich mich natürlich nicht an diese Zeit, jedoch sind meine Eltern in diesem System aufgewachsen und haben dadurch diverse strukturelle Prägungen erfahren, die sie wiederum an mich weitergegeben haben.

Prägungen

Stell dir vor, du bist ein junger erwachsener Mensch und plötzlich wird über Nacht eine Mauer errichtet, die dich auf der einen Seite des Landes gefangen hält. So erging es meinen Großeltern, die zu diesem Zeitpunkt selbst Eltern geworden waren. In der Nacht vom 12. auf den 13. August 1961 wurde Deutschland in zwei Hälften geteilt. Die Menschen in Ostdeutschland waren von 1961 bis 1989 wortwörtlich „eingemauert".

Die Mauern wurden durch bewaffnetes Militär streng bewacht. Trotz der gefährlichen Lage gelang Dutzenden Menschen die Flucht. Einige scheuten sich nicht davor, in Abwasserrohren durch Fäkalien in Richtung Freiheit zu tauchen. An den Grenzsperren kam es zu erschütternden Szenen: Geflüchtete Väter sahen ihre Frauen und Kinder für Jahre das letzte Mal, Brautpaare im Westen verabschiedeten sich von ihren Elternteilen, die im Osten lebten, Verlobte oder Geschwister mussten sich verabschieden. Freiheitsdrang und Leid standen sich stets gegenüber. Freiheit in Westdeutschland, doch zu welchem Preis? Ab Herbst 1961 war der Kontakt für die Menschen aus Ostund

Westdeutschland zweieinhalb Jahre lang nur über den Postweg, streng kontrolliert und oft mit tagelanger Verspätung möglich. Wenige kleine Schlupflöcher ermöglichten weiterhin einigen Menschen die Flucht, die sich aus ihren Fenstern abseilten oder sich in Sprungtücher der Westberliner Feuerwehr stürzten. Einige kamen dabei ums Leben oder verletzten sich schwer. Längs der innerdeutschen Grenze verlegten Pioniere der Grenztruppen rund 1,6 Millionen Minen sowjetischer Bauart, die bei Berührung Arme und Beine zerfetzten, aber nicht sofort töteten. 1970 kamen Splitterminen mit zielgerichteter Wirkung hinzu sowie Selbstschussautomaten. Innerhalb der DDR-Mauern wurden auf einer Strecke von 440 Kilometern weitere 60.000 Mordautomaten installiert. An Flucht ermöglichenden Stellen wie Flussufern wurden „Stalinrasen“ (Gitter mit 10 cm langen Stahlnägeln) angebracht. Mehr als 200 Laufanlagen für speziell abgerichtete Hunde und weitere 250 Wachtürme erschwerten ostdeutschen Bürgern die Flucht nach Westdeutschland. Die 3,40 Meter hohe Betonmauer diente nicht nur als Sperre, sondern auch als Sichtblende, denn selbst das Grüßen von Ost nach West war verboten.

In den 1970er-Jahren schien es, als hätten sich die Menschen auf beiden Seiten der Mauer der jeweiligen Realität angepasst, doch Psychiater und Neurologen sprechen von der „Mauer-Krankheit“, einem Syndrom psychosomatischer Störungen. Sie war häufig begleitet von dem Gefühl des „Eingemauert-Seins“ sowie Depressionen. Nach dem Mauerbau galt Westberlin als Stadt mit einer der höchsten

Selbstmordraten der Welt. In Ostberlin lag die Zahl der Suizidversuche noch weitaus höher.

Doch nicht alle Bürger wollten Ostdeutschland verlassen. Es gab einige, die sich mit dem Sozialismus identifizierten. Mit dem Mauerfall am 9. November 1989 erlebten auch sie weitreichende Einschnitte in ihrem Leben. Plötzlich wurden zahlreiche Unternehmen geschlossen, vier von fünf Ostdeutschen verloren ihren Arbeitsplatz. Bis 1994 zogen mehr als 660.000 ostdeutsche Bürger zwischen 18 und 40 Jahren in die neuen Bundesländer, um dort ihr berufliches Glück zu finden. Was machte das mit den Menschen, die an die gesellschaftlichen Regeln des Sozialismus glaubten und danach lebten? Viele waren plötzlich völlig überfordert von den vielen Möglichkeiten – waren sie doch bislang nur an eine kleine Auswahl (an Lebensmitteln, Ausbildungsmöglichkeiten, Fernsehsendern ...) gewöhnt. Was vorher im „Gleichschritt“ und im „Kollektiv“ geschah, musste plötzlich selbst entschieden werden. Es gab einige Menschen, die diesen abrupten Umbruch nicht gut verkrafteten und mit psychischen, physischen und Suchtproblematiken zu kämpfen hatten.

Die intensive persönliche Auseinandersetzung mit der Zeitepoche meiner Eltern weckte in mir Mitgefühl. Wie müssen sich die jungen Menschen in dieser Zeit gefühlt haben? Eingesperrt in einem Land ohne das Recht auf freie Meinungsäußerung. Musik, die vorgegeben und kontrolliert war.

Sogenannte „Spitzel“, also inoffizielle Mitarbeiter der Staatssicherheit, die sich sowohl im Freundes- als auch im Familienkreis befinden konnten, schürten Misstrauen. Wie soll man sich unter solchen Umständen frei, individuell, kreativ und vertrauensvoll in seiner Umwelt bewegen? Mangel, Überwachung und Einengung sind drei Schlagworte, die den Alltag in der DDR treffend beschreiben. Für eine Studie von Wirtschafts- und Sozialwissenschaftlern der Universitäten Marburg und Bielefeld sowie der Europäischen Zentralbank wurden die persönlichen Eigenschaften von ca. 15.000 Menschen aus der ehemaligen DDR und Westdeutschland miteinander verglichen. Die Wissenschaftler wollten herausfinden, inwiefern die Persönlichkeiten der Einheimischen durch repressive Strukturen und die Überwachung durch das DDR-Regime geprägt wurden. Das Ergebnis dieser Langzeitstudie (Beginn 1984) bestätigte die Annahme der Forscher: Ehemalige DDR-Bürger sind gewissenhafter (Planung war aufgrund des Mangels an Konsumgütern notwendig), deutlich ängstlicher als die westliche Bevölkerung und insgesamt weniger offen für Neues. Die Ostdeutschen haben noch heute seltener das Gefühl, ihr Leben und die Ereignisse darin selbst kontrollieren zu können (Selbstwirksamkeit). Insgesamt machen sich die ostdeutschen Bürger mehr Sorgen und sind emotional instabiler. Dies sind Eigenschaften, die dafür bekannt sind, das Wohlbefinden zu trüben und die Lebenszufriedenheit zu verringern. Abweichendes Verhalten (wie „Westfernsehen“ schauen, die Partei öffentlich kritisieren, nicht zum Fahnenappell erscheinen, Printmedien aus dem Westen lesen usw.) wurde mit Drohungen, Verhören und schlimmstenfalls Inhaftierung (und teilweise Folter) bestraft.

Als ich diese Zeilen las, erklärte sich mir, weshalb noch heute so viele ehemalige DDR-Bürger Regeln und Normen befolgen, ohne diese zu hinterfragen.

Der Satz „Das macht man nicht“ ist dir bestimmt bekannt. Ein Überbleibsel vergangener Erziehungsmethoden, die der gesellschaftlichen Norm braver, angepasster Bürger der DDR entsprachen. Wer ist dieser „Mann“, der dies oder jenes nicht tun darf? Lass uns das hinterfragen! Lass uns gemeinsam prüfen, ob diese Regeln noch Sinn machen! Vor allem aber, vertraue auf dein Bauchgefühl!

Dein Kind popelt? Macht „man“ das? Ja, mein Kind popelt auch! Warum auch nicht!? Mir ist es wichtig, dass Kinder ihren Körper erforschen und sich auch von Popeln und anderen störenden Dingen befreien dürfen. Wenn möglich, nicht unbedingt vor versammelter Mannschaft am Esstisch (denn die Grenzen anderer sollten ebenfalls berücksichtigt werden), aber im eigenen Kinderzimmer, warum nicht? Ich liebe es, Thematiken aus verschiedenen Standpunkten heraus zu erörtern! So manche Problematik wurde in unserer erweiterten Familie gemeinsam mehrfach durchdacht und individuelle Standpunkte verdeutlicht. Es lässt sich leichter leben, wenn man über die Werte und Normen des anderen informiert ist und Verständnis füreinander aufbringen kann. So beharren Großeltern oftmals auf bestimmten Regeln in ihrem Haushalt, wenn die Enkel zu Besuch sind. Zu Hause werden diese Gesetze anderweitig umgesetzt, es kommt zu Abweichungen und das ist auch okay. Unsere Kinder sind unglaublich anpassungsfähig. Ihr Leib und Leben sind nicht in Gefahr, wenn sie die Regeln der älteren Mitmenschen in deren Umfeld (weitestgehend) befolgen. Die kleinen Menschen sind clever und können sehr wohl verstehen, dass es bei Oma anders läuft als zu Hause. Wiederum sollten die Großeltern ebenfalls die Regeln der Familie akzeptieren, die in deren häuslichem Umfeld gelten.

Einen Unterschied mache ich allerdings beim Körperkontakt, zum Beispiel bei der Begrüßung. Mir persönlich ist es wichtig, dass mein Kind selbst entscheidet, von wem es sich drücken oder küssen lässt. Einen verbalen Gruß erwarte ich allerdings schon (gesellschaftliche Norm). Wird das Kind gezwungen, einen ungewollten Körperkontakt „über sich ergehen zu lassen“, lernt es, dass die eigenen Grenzen an dieser Stelle nicht zählen. Hier werden Weichen für grenzüberschreitende Handlungen Erwachsener gegenüber Kindern gestellt. Leider ist sexualisierte Gewalt an Kindern innerhalb des engsten Verwandtenkreises am häufigsten zu verzeichnen. Also bitte gib deinem Kind das Recht zum Neinsagen! Kinder sind nicht dafür da, die Erwartungen der Erwachsenen zu erfüllen.

Transgenerationale Weitergabe von Traumata

Wir haben einen Blick in die Zeitepoche der DDR geworfen, die mich persönlich durch die Erfahrungen meiner Eltern geprägt hat. Transgenerationale Traumata werden allerdings bis zur vierten, manchmal fünften Generation weitergegeben. Aufgrund dessen habe ich mich mit der Zeit des Zweiten Weltkriegs, also der Zeit, in der meine Großeltern geboren wurden, beschäftigt. Ich wollte ein Gefühl dafür bekommen, mit welchen Herausforderungen diese Generation konfrontiert war.

Meine Oma mütterlicherseits wurde 1939 geboren, mitten im Zweiten Weltkrieg. Ihre Eltern lebten in ständiger Angst und wussten, trotz materiellen Wohlstands, dass jederzeit ein Angriff möglich war. Die Aufgabe dieser Generation war es, das Überleben zu sichern. Sie dachten nicht an morgen, denn es konnte von jetzt auf gleich alles zerstört sein. Vielen Familien erging es deutlich schlechter. Sie wurden aus ihren Wohngebieten vertrieben, waren wochenlang zu Fuß unterwegs, wussten nicht, ob sie jemals wieder nach Hause könnten, litten unter Hunger, Durst und Krankheiten. Sie wurden zum Teil in ehemaligen Kriegsgefangenenlagern (Baracken) oder in Massen-Flüchtlingsunterkünften untergebracht. Es brauchte keine Worte, doch die unbewussten Botschaften ihren Kindern gegenüber war: „Sei dankbar für alles, was du hast“, „stell dich nicht so an“ und „das geht dich nichts an“. Großes Schweigen über die Vergangenheit und der Wille zu vergessen schwebte wie eine Wolke über unzähligen Familien. Der Fokus und die Hoffnung auf ein besseres und sichereres Leben richteten sich auf den Aufbau des jungen Staates. Viele Männer fielen im Krieg, wodurch die Frauen alleinerziehend waren, sodass die Kinder ohne väterliche Vorbilder aufwuchsen. Die Frauen mussten beide Rollen ausfüllen und stark sein.

Vielleicht kennst du das Bild der „Trümmerfrauen"? Die Generation ihrer Kinder lernte, Sonne zu tanken, am Morgen gut zu frühstücken und sich nicht an Gegenstände zu binden. Einige Familien waren rastlos, kamen nie richtig zu Hause an. Auf der emotionalen Ebene lernten die Kinder zu gehorchen, sich unterzuordnen, höflich zu sein und sich in ihre Rollenbilder einzufügen. Jungen übernahmen teilweise die Rolle der gefallenen Väter, wurden von den Müttern um Rat gefragt, mussten Entscheidungen treffen, die ihre kognitive Reife übertrafen. Mädchen wurden sehr früh in die Hausarbeit und die Beaufsichtigung der Geschwister mit einbezogen.

Diese sogenannte „Parentifizierung" (= wenn Kinder zu früh mit Erwachsenen-Themen und deren Aufgaben konfrontiert werden und dabei ihre kindliche Rolle verlassen), also die Rollenumkehr, war weit verbreitet. Dies ist auch der Fall, wenn sich Kinder um ihre trauernden Eltern oder um psychisch kranke Bindungspersonen kümmern oder auch als Ratgeber fungieren. Zur damaligen Zeit war nicht bekannt, dass diese Rollenverschiebung Auswirkungen im Erwachsenenalter haben kann (nicht muss) und eventuell

Ablösungs- und Identitätsprobleme oder Depressionen nach sich zieht.

Die Generation der Kriegskinder hatte keine unbeschwerte Kindheit, für Pubertät war kein Raum. Täglich ging es einzig darum zu überleben, Nahrung zu finden, gesund zu bleiben und zu hoffen, dass der Vater aus seinem Einsatz oder dem Kriegsgefangenenlager zurückkehrte.

Wenn man darüber nachdenkt, dass einige Kinder während der Luftangriffe zur Welt kamen und in Luftschutzbunkern, bei ständiger Angst und Dunkelheit, ihre ersten Lebenserfahrungen machen mussten, kann man das Ausmaß der emotionalen Traumata nur erahnen. Viele Mütter konnten ihre Babys nicht mit Muttermilch versorgen, denn für das Stillen braucht es eine möglichst entspannte Atmosphäre und körperliche Voraussetzungen, die aufgrund des anhaltenden Hungers nur bedingt gegeben waren.

Schätzungen zufolge waren fünf bis zehn Millionen Menschen während der Nazizeit und danach auf der Suche nach Sicherheit in einer vorübergehenden Unterkunft. Wer noch ein unbeschädigtes Haus bzw. eine Wohnung besaß, wurde gezwungen, flüchtige Familien aufzunehmen, Räumlichkeiten abzugeben und sich Küche, Bad und Wohnzimmer zu teilen.[1]

Welches Gefühl würde es in dir auslösen, plötzlich eine Großfamilie bei dir aufzunehmen und in deine Privatsphäre

1 "Die vergessene Generation", Sabine Bode, S. 115

eindringen lassen zu müssen?

Die Generation der Kriegskinder war wie narkotisiert, so beschreibt es Sabine Bode in ihrem Buch „Die vergessene Generation". Gemeint war damit die Gemütsverfassung, mit der Kinder Luftangriffe, Flucht und Tieffliegerbeschuss ertragen mussten. Genauso gestaltete sich die Atmosphäre der ersten Nachkriegsjahre. Welche Auswirkungen hatte das auf die Kinder, von Erwachsenen umgeben zu sein, die „nicht ganz bei sich" waren?[2]

Die Fähigkeit emotionaler Empfindungen war eingeschränkt, Grenzen verschoben sich. Um nach diesen schrecklichen Erfahrungen weiterleben zu können, entwickelten die Menschen automatisch Schutzmechanismen und spalteten im Gehirn so manche negative Erfahrung ab. Unter einer „Posttraumatischen Belastungsstörung" (PTBS) zu leiden, bedeutet, dass das Gehirn mit Stresshormonen derartig geflutet wurde, dass Nervenzellen geschädigt und die Aufnahme und Weiterverarbeitung von Informationen gestört sind. Häufig kam es zu einer sogenannten hippocampalen Amnesie: Das bedeutet, dass eine konkrete Erinnerung an die reale Situation nicht mehr möglich ist. Ist das Trauma nicht verarbeitet, überwiegt das „emotionale Gedächtnis": Unvollständige und nicht zuzuordnende Erinnerungen entwickeln ein Eigenleben, welches sich weitestgehend dem Bewusstsein entzieht und über Reize („Trigger") bei den Betroffenen emotionale Erinnerungen hervorrufen

2 "Die vergessene Generation", Sabine Bode, S. 216

können. Für die Verarbeitung eines Traumas ist es wichtig, das als traumatisch erlebte Ereignis in einen Gesamtzusammenhang einzuordnen. Erst dann kann die Erkenntnis greifen: „Es ist vorbei und ich habe es überlebt.“[3]

Ein Zeitzeuge beschrieb im Buch von Sabine Bode, dass die Verarbeitung seines Traumas zur dauerhaften Genesung seiner anhaltenden Spannungsgefühle und Ängste führte. Endlich begriff er nach 40 Jahren, warum er seine Arbeit stets als anstrengend empfunden und warum jede Außerplanmäßigkeit ihn stark unter Druck gesetzt hatte. Das Gefühl des Bedrohtseins war sein ständiger Begleiter gewesen. Eines Tages hörte er seinen depressiven Sohn sagen: „In mir ist ein Gefühl, als ginge die Welt unter.“ Der Vater erschrak zutiefst und dachte: „Was sagt mein Junge da? Woher kennt er dieses Gefühl? Es ist doch *meine Geschichte und mein Gefühl!*“ Während der Therapie kam der Mann seiner Kindheit näher und konnte mit gewissem Staunen über das Kind berichten, welches er einmal gewesen war. Er hatte nicht nur verdrängt, um zu überleben, er brachte auch einen gewissen Optimismus mit, der ihm die Gewißheit gab: „Als alter Mann werde ich glücklich sein.“ Er hatte gewusst, dass er überleben würde, doch zugleich waren die erlebten Schrecken so groß gewesen, dass er es mit seinem Kindesverstand nicht für möglich gehalten hatte, in absehbarer Zeit damit fertigzuwerden. So kam es, dass er durch die Aufarbeitung als älterer Mann ein weitgehend zufriedenes

3 http://posttraumatische-belastungsstoerung.com/trauma-was-im-gehirn-passiert, abgerufen am 08.08.23

Leben führen konnte.[4]

Diese Generation hat allerdings mehrheitlich für sich entschieden, das Thema Krieg hinter sich zu lassen, ausschließlich nach vorn zu sehen und über das Erlebte zu schweigen.

Wenn ich mich heute mit Menschen unterhalte, die etwa 80 bis 87 Jahre alt sind, und mich zaghaft den Themen „Krieg“, „Nachkriegszeit“ und „Wochenkrippenerziehung“ nähere, bekomme ich meist nur recht knapp gehaltene Antworten, die sich mit den Geschichten aus dem Buch decken: „Wir können dankbar sein, dass es uns so gut ging“ (Wochenkrippe), „es ging ja nicht anders, wie hätten wir es sonst machen sollen!?“, „wir hatten ja nichts“, „wir wollen nicht klagen, Themenwechsel.“ Bezüglich der Erziehungsmaßnahmen höre ich immer wieder: „Das hat uns nicht geschadet“, „damals war das so.“ Vielleicht hast du solche Aussagen von deinen Eltern oder Großeltern auch im Gedächtnis.

Doch die Kriegskinder hatten neben all den Erschwernissen auch Momente der Unbeschwertheit. Um Geschehnisse zu verarbeiten, spielen Kinder. Auch mit wenig Material lassen sich kreative Prozesse in Gang bringen. Mein Vater (Nachkriegskind) berichtete, wie er und seine Geschwister Puppen in einen Pappkarton legten und an einem Band hinter sich herzogen. Der Karton diente als Puppenwagen. Manche Kinder hatten nicht einmal mehr echte Puppen

4 "Die vergessene Generation“, Sabine Bode, S. 237

und so wurde einem diversen Gegenstand wie etwa einem Stück Holz oder einem Stein Leben eingehaucht. Weil die Mütter mit Haushaltsaufgaben beschäftigt waren, hatten die Kinder ein großes Maß an Freiheit und somit auch Möglichkeiten, ihrem Entdeckertrieb nachzukommen.

Die nächste Generation (unsere Eltern) wuchs mit der Hoffnung auf ein besseres Leben auf, einige in der Deutschen Demokratischen Republik. Andere flohen nach Westdeutschland, solange es noch möglich war. Meine Mutter litt unter der Staatsform der DDR. Sie war wie ein „gefangener Freigeist", träumte schon im Kindesalter von den Indianern, von Südamerika, wollte die Welt bereisen, in Kommunen leben, sich uneingeschränkt bilden und informieren. Was sie ablehnte: das strikte Leben der Hausfrauen, die ihrem Manne „dienten". Schon als Kind nahm sie viele Regeln als sinnlos und übergriffig wahr.

Wenn man sich überlegt, wie jung die Frauen zu dieser Zeit Mütter wurden, wie wenig Lebenserfahrung sie bis dahin erst sammeln konnten! Nicht selten wurden die jungen Frauen recht schnell von ihrem ersten Liebhaber schwanger. Als unverheiratete Frau ein Kind großzuziehen, war zur damaligen Zeit undenkbar. Meine Mutter war ein Stiefkind. Selbst in Liebe in einer Scheune gezeugt, doch leider nicht mit dem leiblichen Vater aufgewachsen, hegte sie stets eine unterschwellige Ablehnung des Stiefvaters. Meine Oma, verliebt und dankbar, dass dieser Mann sich auf sie und das uneheliche Kind einließ, erwartete ein weiteres, eheliches Kind. Es wurde ein Sohn geboren. Damals gingen die Frauen recht schnell nach der Geburt wieder arbeiten. Die Elternzeit währte lediglich sechs Wochen, in der Spätphase der DDR wurde sie auf ein Jahr erweitert.

Der Staat war auf alle Arbeitskräfte angewiesen, daher richtete er ab den 1940er-Jahren die sogenannten „Wochenkrippen" ein, um Schichtarbeiterinnen, Alleinerziehenden und Studentinnen die schnelle Rückkehr in den Beruf oder eine Ausbildung zu ermöglichen. Bezahlte Elternzeit, so wie wir sie heute kennen, gab es nicht. Wochenkrippenbetreuung bedeutete, dass die Kinder montagmorgens bereits um sechs Uhr an der Pforte der Einrichtung abgegeben und freitags, manchmal auch erst am Samstag, von der Mutter wieder abgeholt wurden. Schätzungen zufolge wurden insgesamt mehr als 100.000 Kinder in der DDR in Wochenkrippen zwischen der 6. Lebenswoche und dem 3. Lebensjahr von Krankenschwestern versorgt und betreut. In der Öffentlichkeit wurde propagiert, dass sich ein so winziger DDR-Bürger bestmöglich im Kollektiv entwickle. Dies führte dazu, dass die jungen Eltern ihre Kinder wohlbehütet glaubten. Geprägt wurde die Form der Erziehung allerdings noch stark durch die Ideologie des vergangen geglaubten Nationalsozialismus.

Was die meisten nicht wussten: Bereits während des Mauerbaus existierten Studien, die belegten, dass diese Betreuungsform für die Kinder schädlich ist. Kritische Werke mit warnenden Stimmen wie die von Eva Schmidt-Kollmer, die über Formen von Hospitalismus berichtete (eine Folge von mangelnder menschlicher Nähe und Zuwendung: ausdruckslos vor sich hinstarrende Kinder, die ihren Oberkörper vorwärts und rückwärts schaukeln oder ihren Kopf im Gitterbett immer wieder hin- und herdrehen oder gar gegen die Gitterstäbe des Bettes schlagen), verschwanden aus der DDR-Forschungsliteratur und durften nicht mehr veröffentlicht werden. Die Bindungstheorie, die davon ausgeht, dass jedes Kind ein angeborenes Bedürfnis nach intensiver emotionaler Nähe hat, wurde bis in die 1980er-Jahre hinein unterdrückt. In den Wochenkrippen war kein pädagogisch ausgebildetes Personal zu finden. Die Kinder wurden streng nach Plan betreut. Der sah für ein zwei bis sechs Monate altes Baby so aus: Das Kind wurde exakt alle vier Stunden gefüttert, bis 22 Uhr, dann erfolgte ein elfstündiger Nachtschlaf, in dem das Kind nicht gefüttert wurde.

Aus der Bindungstheorie ist heutzutage bekannt, dass die meisten Babys spätestens alle zwei bis drei Stunden wach werden, um sich zum einen zu versichern, dass sie in Sicherheit sind (Nähebedürfnis), und weil zum anderen die winzigen Mägen nach kurzer Zeit Nachschub brauchen. Was passiert also mit einem Säugling, dessen Bedürfnisse nach Nähe und Milch nicht befriedigt werden? Sie verstummen mit der Zeit, denn sie haben (leider) die Erfahrung machen müssen, dass niemand kommt – egal wie laut und wie lange sie schreien. Das Urvertrauen wird massiv erschüttert. Urvertrauen bedeutet, dass der kleine Mensch durch regelmäßige Interaktion und Zuwendung durch eine Bindungsperson ein Grundvertrauen in sich und andere Menschen entwickelt. Menschen mit gesundem Urvertrauen haben eine gänzlich positive Einstellung zum Leben. Die meisten Babys in den Wochenkrippen haben nicht das Durchschlafen gelernt, sondern sie haben gelernt, nicht zu protestieren. Wenn ein Baby weint und schreit, geht es in diesem Moment für das Kind um sein Leben. Es hat ein Gefühl des Ausgeliefertseins, es hat Angst zu sterben, weil es ohne Hilfe nicht überleben würde. „Ausgeliefertsein" war ein Wort, das ich immer und immer wieder aus dem Mund meiner Mutter hörte, wenn sie in depressiven Phasen ihr Leben und die Umstände beklagte.

Kinder, die schreien gelassen werden, lernen nicht zu schlafen, sie verfallen in Schutzstarre (denn evolutionär gesehen hätten sie mit dem Schreien die Raubtiere auf sich aufmerksam gemacht). Babys schreien zu lassen, kann eine emotional traumatische Erfahrung für sie sein. Dieses Gefühl von Angst, Panik und Ohnmacht ist nicht aushaltbar. Es veranlasst sie, zu dissoziieren, also sprichwörtlich abzuschalten. In diesem Zustand spüren sie weder Angst noch Hunger oder Durst. Sie spüren nichts mehr und melden sich daher auch nicht mehr. Das rechtfertigt auch einige skurrile Fragen älterer Menschen meines Umfeldes (mein Baby war gerade fünf Wochen alt): „Schläft sie schon durch?" Nicht einmal meine vierjährige Tochter schläft komplett durch! Ein Toilettengang in der Nacht ist normal. Natürlich gibt es Kinder, die von Beginn an lange nächtliche Schlafphasen haben. Doch ich spreche hier von den Babys, deren

Urvertrauen zum einen durch die lange Trennung von der Bindungsperson wie auch durch die fehlende emotionale Zuwendung erschüttert – um nicht zu sagen „zerstört" – wurde. Geht es dir auch so, dass die Generation deiner Eltern und Großeltern unter Schlafstörungen leidet? Vielleicht ist es nur eine subjektive Wahrnehmung von mir, doch ich wage die Hypothese aufzustellen, dass der Ursprung womöglich in (Wochen-)Krippenerziehung bzw. der erzieherischen Grundhaltung der damaligen Zeit zu finden ist.

Herrschte Personalmangel, wie es in den 1960er-Jahren häufig der Fall war, musste der Hausmeister einspringen und über 85 Babys und Kleinkinder wachen. Da das nicht ohne Weiteres möglich war, wurden die Kleinen für 10 bis 12 Stunden mit Riemchen an den Betten fixiert. Während des Tages saßen die Kinder überwiegend in Laufställen (mehrere Kinder in einem) und wurden sich selbst überlassen. Nur während des Fütterns oder der Körperpflege durften die Kleinen intensiven Augenkontakt mit der Pflegeperson genießen.

Ich habe mich in diese Thematik sehr intensiv eingearbeitet und war fassungslos, wie damals mit den kleinen Menschen, aber auch mit den Erwachsenen umgegangen wurde. Für mich hat das Wissen ein wichtiges Puzzleteil im Gesamtbild meiner eigenen Sozialisation hinzugefügt. Mir ist klar geworden, dass noch heute Auswirkungen der Pädagogik aus dem Dritten Reich nach der Ärztin Anna Haarer (*1900–1988) zu spüren sind. Ihr Erziehungsratgeber „Die deutsche Mutter und ihr erstes Kind“ bildete eine theoretische Grundlage für die Versorgung von Kindern im gesamten deutschen Staat. Ihr Fokus lag dabei auf hygienischen und pflegerischen Aspekten. Psychologische Grundbedürfnisse wurden nicht berücksichtigt. Die Kinder von damals sollten sich reibungslos in ihre Familien und im Kollektiv einordnen, nicht widersprechen, gehorchen, die Familie unterstützen und keinen Ärger machen. Spielraum für emotionale Entwicklung, Gefühle, Emotionen und Individualität war nicht vorhanden. Es wurde immer wieder darauf hingewiesen, dass die Kinder die Eltern stets zum Kampf auffordern und man ihnen diese Verhaltensweisen nur abtrainieren müsse – mit Strafen, Beschämung und Erniedrigung. Man müsse nur rechtzeitig „ihren Willen brechen“. Anna Haarer warnte vor zu viel Zuneigung. Bis 1987 wurden ihre Ratgeber in verschiedenen Versionen neu aufgelegt. Weiter möchte ich an dieser Stelle nicht auf die starke Prägung der deutschen Pädagogik eingehen.

Während der Auseinandersetzung mit meiner persönlichen Familienhistorie konnte ich zum einen durch Fachliteratur, aber auch durch intensive Gespräche mit meinen Familienmitgliedern wichtige Erkenntnisse und somit auch ein besseres Verständnis für so manche Lebensentscheidungen erlangen. Bis ich bei den Punkten „Mitgefühl, Verständnis und Vergebung“ ankam, gesellten sich emotionale Zustände von Fassungslosigkeit, Wut und Trauer hinzu. Es ist ein Prozess, in dem sich unverhofft aufbrechende Emotionen und Gefühle ihren Weg bahnen. Im Nachhinein betrachtet habe ich während dieses Prozesses, der circa eineinhalb Jahre dauerte, die klassischen vier Trauerphasen (1. Nicht-Wahrhaben-Wollen, 2. aufbrechende Emotionen, 3. Suchen und Sich-Trennen, 4. neuer Selbst- und Weltbezug) durchlaufen. Das war kein Spaziergang, sondern eher ein steiniger Weg, der Zeit zum Verstehen und Verarbeiten brauchte – doch es hat sich gelohnt!

Durch die Reflexion der Erziehungsmethoden und der gesellschaftlichen Umstände meiner Vorfahren habe ich mich selbst besser kennengelernt und kann nun, mit neuem Wissen, einen anderen – liebevollen – Blick auf mich selbst werfen. In Stresssituationen ertappe ich mich oft selbst, wie ich hin und wieder in alte Muster verfalle (zum Beispiel, wenn ich schimpfe oder drohe), doch nun kann ich schneller umschalten, mich entschuldigen und die Situation anders bewerten. Doch das wichtigste Learning war: rechtzeitig und vor allem regelmäßig für mich und meine Seele zu sorgen – in vollständiger Selbstverantwortung.

Es ist die Aufgabe unserer Generation, genau hinzusehen, welches Leid in uns selbst sowie bei unseren Eltern und unseren Großeltern im Inneren verborgen ist. Wenn die seelischen Schmerzen bisher nicht genügend Aufmerksamkeit bekommen haben, ermutige ich dich, einmal den Fokus darauf zu richten. So dürfen unsere Kinder frei von dieser Belastung aufwachsen. Ansonsten bleibt das Gefühl von Ambivalenz, ein Gefühl, dass man Dinge anders machen möchte als die Generationen davor. Außerdem existiert

Unsicherheit, dies ehrlich zu formulieren. Wenn man sich über ungefragte Ratschläge aufregt oder die Kinder einen derart reizen, dass man selbst nicht versteht, wo diese schwer beherrschbare Wut herkommt, werden Triggerpunkte aktiviert. Nahezu täglich begegnen mir Situationen, in denen Kinderseelen leiden müssen.

Vor Kurzem beobachtete ich eine Situation, die mich in Stress und Anspannung versetzte: Ein Mädchen (etwa vier Jahre alt) war mit seinem Vater in der Stadt unterwegs. Der Mann hatte das Kind an der Hand und die beiden liefen mir entgegen. Es gab eine lautstarke Auseinandersetzung. Ich nahm den Moment wahr, als das Kind den Vater auf seine Hand schlug und er Dasselbe bei ihm tat. Man kann sich nun vorstellen, dass sein Schlag vermutlich stärker war. Er bedrohte das Kind mit den Worten: „Wenn du das noch einmal machst, dann …“ Sie haute ihn erneut, wieder und wieder. Dabei weinte das Mädchen verzweifelt. Schon fast waren die beiden außer Sichtweite, da sah ich aus den Augenwinkeln, wie er das Kind heftig am Arm zerrte, sie anschrie und sich die Lautstärke immer weiter steigerte. Ich war schockiert, erbost, aber auch eingeschüchtert. Hatte ich doch selbst als Kind Gewalterfahrungen machen müssen, welche mich schnell in eine „Habachtstellung“ drängten. In mir wurde sofort das starke Gefühl wach: „Ich muss dem Kind sofort helfen!“ Da ich selbst mein vier Wochen altes Baby in der Trage vor meiner Brust trug, tat ich nichts, was uns gefährdete. Doch diese Szene blieb mir noch lange im Kopf. Wir alle schreien manchmal unsere Kinder an. Auch haben wir alle einmal dieses Ohnmachtsgefühl und fangen an zu drohen. Doch bei Gewalt – und auch wenn es „nur" der kleine Klaps ist – hört mein Verständnis definitiv auf. Denn es hat uns geschadet!

Ich wünsche mir von dir und von allen erwachsenen Personen, dass sie zunächst für sich selbst sorgen, damit solche Übergriffe deutlich verringert werden. Und wenn sie physische oder psychische Gewalt gegenüber Kindern wahrnehmen, ist es ihre Pflicht, direkt einzuschreiten. Doch dafür muss das Verständnis in dieser Gesellschaft erst wachsen, damit eben nicht toleriert wird, wenn kleinen Menschen Schaden zugefügt wird. Irgendwer muss damit anfangen. Ich habe es bereits getan und genau darin besteht meine Mission: Müttern zu zeigen, wie wichtig Selbstfürsorge ist, damit sie geduldiger und liebevoller mit den Kleinsten unserer Gesellschaft umgehen können. Kurz gesagt: Indem du für deine Seele sorgst, schützt du dein Kind.

Jede Familie hat ihre dunklen Schatten. Jedes Familienmitglied musste im Laufe seiner Kindheit lernen, mit besonderen Herausforderungen umzugehen. Jeder erwachsene Mensch hat die Möglichkeit, seine Geschichte zu reflektieren und neu zu bewerten. Ich ermutige dich hinzusehen, damit diese dunklen Schatten enttabuisiert und unsere Kinder geschützt werden. Niemand muss sich dafür schämen, was passiert ist. Wie wir heute damit umgehen, ist entscheidend. Um dir den Einstieg in deine persönliche Reflexion zu erleichtern, gebe ich dir einen kleinen Einblick in meine Vergangenheit:

Meine Kindheit hatte ich zunächst als überwiegend positiv abgespeichert, doch bei genauerem Hinsehen erkannte ich die Not meiner Mutter und deren Folgen für uns Kinder. Wir drei waren alles für unsere Mutter! Jeden Funken Energie steckte sie in unsere Erziehung und brannte dabei innerlich aus. Sie war alleinerziehend, litt unter Armut, Depressionen und Schlafstörungen. Eine Person allein kann nicht drei Kindern, dem Haushalt, sich selbst und der Gesellschaft gerecht werden. Sie versuchte es dennoch jeden Tag. Wenn ich mich in mein fünfjähriges Ich zurückversetze, sehe ich meine Mutter als Frau mit hervorragenden Werten: Sie achtete stets auf unsere Gesundheit (Ernährung, Bewegung in der Natur, Nachhaltigkeit), hatte Vertrauen in uns Kinder (wir durften viele Dinge ausprobieren, meine Schwester und ich waren ein tolles Team) und sie hatte Spaß daran, sich mit uns Kindern zu beschäftigen. Drei Kinder in unterschiedlichen Lebensphasen mit diversen Herausforderungen zu begleiten, kostete unglaublich viel Kraft. Das habe ich bereits mit meinem ersten Kind gespürt.

Hinzu kam, dass mein kleiner Bruder und ich im Kindesalter unter schweren Krankheiten litten. Wie zerrissen muss sich eine (schwangere) Mutter fühlen, deren Kind über einen Monat lang stationär im Krankenhaus behandelt wird, während das Erstgeborene ebenso Aufmerksamkeit und Zuwendung benötigt?

Dann gab es auch noch eine andere Seite von ihr, die in

jeder von uns Müttern schlummert: Manchmal wurde meine Mutter so wütend, dass wir Kinder Angst bekamen. Vielleicht kennst du es auch, dass du nur noch „rotsiehst"? Nach der „Entladung" bist du erschöpft, wieder „ruhig" und bereust deine Gefühle und wütenden Worte.

Diese wütende Version meiner Mutter fürchtete ich. Wenn der Herbst Einzug hielt und die Tage kürzer wurden, kam sie öfter zum Vorschein. Sehr früh lernte ich, feine Antennen für die Stimmungslage meiner Mitmenschen zu entwickeln und mich wie ein Chamäleon anzupassen, um nicht „noch mehr" Kummer zu bereiten. Meine Mutter hatte genug Sorgen. Ich wollte sie glücklich machen, sie aufmuntern und zum Lachen bringen. Womöglich bildete sich aus diesem Grund mein fröhliches Gemüt heraus.

Wer sich als Kind „wie auf rohen Eiern bewegt", um bei den Eltern keine negativen Emotionen zu wecken, verliert den Zugang zu sich selbst. Ich schaute immer, was die anderen machten, und agierte ebenso. Als Jugendliche plagten mich starke Selbstzweifel und Mobbing-Erfahrungen unterstrichen meine negative Selbstwahrnehmung. Während meines frühen Erwachsenenlebens suchte ich nach meiner Bestimmung. Ich musste mich erst selbst finden, um liebevoll mit mir umzugehen. Schaue ich heute auf mein Leben zurück, erkenne ich, wie mein Weg sich geformt hat. Meine Mutter hat nichts falsch gemacht. Im Rahmen ihrer Möglichkeiten hat sie immer ihr Bestes gegeben. Seit ich selbst Mutter bin, spüre ich, was es bedeutet, ständig vor neuen

Herausforderungen zu stehen. Glücklicherweise habe ich einen tollen Ehemann an meiner Seite, mit dem ich fröhliche und schwere Zeiten gemeinsam durchleben und Aufgaben teilen kann. Diese Form der Unterstützung hätte ich meiner Mutter damals ebenfalls gewünscht.

Damit du deinen Kindern die besten Voraussetzungen für eine unbeschwerte Kindheit bieten kannst, ist es unabdingbar, jetzt Verantwortung zu übernehmen und dich mit Lösungsstrategien auseinanderzusetzen. Niemand anders kann und wird das für dich erledigen. Allein ist es schwer, daher kommt nun eine Anleitung, die dir auf dem Weg in dein neues Leben dienlich ist.

Konkrete Lösungen

Lass uns gemeinsam deine Zukunftsvision kreieren. Dafür lade ich dich auf eine Gedankenreise ein. Lies diesen Text und nimm dir danach einen Moment Zeit, in deine Geschichte einzutauchen. Am besten funktioniert es, wenn du dich zum Lesen bequem hinsetzt oder -legst.

Stelle dir vor, du läufst barfuß auf einer Wiese mit vielen bunten Wildblumen. Schmetterlinge sitzen auf den Blüten, mit den Ohren vernimmst du das Summen der Bienen und unter deinen nackten Füßen spürst du den von der Sonne erwärmten Wiesenboden. Du gehst in deinem Tempo und siehst in der Ferne dein Traumhaus. Munter spazierst du darauf zu, durchquerst in aller Ruhe den Garten und betrittst das Haus durch die geöffnete Eingangstür. Dahinter befinden sich weitere Türen. Du öffnest die linke Tür und siehst auf eine große Leinwand. Darauf läuft ein Countdown: 3 … 2 … 1 … Film ab: Der Film spiegelt deine momentane

Lebenssituation wider. Du siehst dich und deine Familie am Morgen aufstehen. Du beobachtest dich, wie du alle dabei unterstützt, sich fertig zu machen, um pünktlich das Haus verlassen. Du spürst, welche Emotionen dabei in dir hochkommen. Der Film von deinem Tag läuft weiter. Du siehst, wie und welche Aufgaben du erledigst, wie die Zeit fortschreitet und die Stunden vergehen. Es ist Nachmittag und die Familie kommt wieder zusammen. Beobachte weiter die bewegten Bilder und wie dein Tag verläuft. Schau genau hin! Wie verbringt ihr die gemeinsame Zeit? Wer kümmert sich um das Abendessen? Wer macht mit dem großen Kind die Hausaufgaben? Wie ist die Stimmung am Esstisch und wer putzt den Kleinen die Zähne? Wie verlaufen eure Abendrituale? Wer legt die Kleidung für den nächsten Tag bereit? Du schließt die linke Tür wieder.

Übung:

Gehe diesen Tag noch einmal gedanklich Stunde für Stunde durch und empfinde ihn nach.

- Wie fühlst du dich am Abend?
- Wie verbringst du die restliche Zeit, ehe du schlafen gehst?
- Welche Rolle nimmt dein Partner/deine Partnerin ein?
- Wie sieht der Kontakt zwischen euch aus?

Mache nun ein paar Notizen und beschreibe kurz deinen momentanen Alltag. Notiere auch deine Gefühle und Gedanken, die in dir aufkommen.

Die Gedankenreise geht weiter. Begib dich wieder in eine angenehme und entspannte Position und gehe den Flur entlang zur rechten Tür. Öffne sie. Du siehst erneut eine große Leinwand und einen Countdown: 3 … 2 … 1 … Film ab: Willkommen in deinem Wunschleben! Du siehst deine Familie und dich am Morgen aufstehen. An welchem Ort seid ihr? Wo schlaft ihr? Wacht ihr gemeinsam auf oder bist du allein? Lasse den Film nun laufen und beobachte, wie der Morgen aussieht und wie sich der restliche Tag gestaltet. Schau in die Gesichter deiner Liebsten. Was nimmst du wahr? Was nimmst du an dir wahr, wenn du dich in diesem Film beobachtest? Was macht ihr gemeinsam? Was machst du allein?

Übung:

Schreibe deine Vision auf und notiere deine Gedanken und Gefühle, die dir dabei in den Sinn kommen.

Übung:

Die Gedankenreise hat dich deine momentane Situation aus der Beobachter-Perspektive betrachten lassen. Was ist dir aufgefallen? Wie hat sich der Film hinter der linken Tür angefühlt? Beschreibe ihn in einem Wort:

___

Übung:

Hinter der rechten Tür waren andere Emotionen verborgen. Dort war deine Zukunftsvision zu sehen. Beschreibe auch diese in einem Wort:

___

Möglicherweise ist die Lücke zwischen Wirklichkeit und Wunsch groß, doch es ist definitiv möglich, dem Wunsch sehr nahe bzw. genau dorthin zu kommen (vorausgesetzt, deine Vision ist erreichbar und beschreibt nicht gerade ein Leben auf einem anderen Planeten mit einer außerirdischen Gefolgschaft).

Du befindest dich gerade zwischen diesen beiden Seins-Zuständen. Indem du die Beobachterrolle einnehmen und dein Leben aus der Meta-Perspektive beobachten kannst, hast du einen sehr wichtigen Schritt gemacht: Du hast den krisenbelasteten Überlebensmodus verlassen und reflektierst deine Wahrnehmung. Bildlich gesprochen hast du gerade dein Hamsterrad gestoppt, weil du aufgehört hast zu rennen und gelernt hast, deinen Alltag aus einem anderen Blickwinkel zu betrachten.

- Wie kannst du nun aus dem Hamsterrad heraustreten und einen so großen Abstand dazu gewinnen, dass du nicht wieder nach kurzer Zeit darin weiterrennst?
- Willst du wirklich etwas an deiner Situation ändern?
- Bist du bereit, für den neuen Weg (vorübergehende) Anstrengungen in Kauf zu nehmen, damit es danach deutlich leichter werden kann?
- Bist du bereit, hinter deine Kulisse zu schauen, auch wenn es unbequem ist?

Glückwunsch, wenn du alle Fragen mit einem deutlichen „Ja“ beantwortet hast! Dann kannst du starten!

Betrachtung deines Fundaments

Merke:

Um die Empfindungen der Gegenwart verstehen und verändern zu können, ist es wichtig, deine eigenen Glaubenssätze detailliert unter die Lupe zu nehmen. Dafür müssen wir uns dein Fundament ansehen. Lass uns gemeinsam in deinen „Keller“ hinabsteigen und nachsehen, welche Prägungen du erfahren hast und wie du sozialisiert wurdest.

Deine Glaubenssätze

Glaubenssätze sind tief verankerte Überzeugungen, die in der Kindheit im Zusammenspiel, also in der Interaktion mit den Bindungspersonen, erworben und gespeichert werden. Es sind innere Prägungen, die sich sowohl konstruktiv als auch destruktiv auf dein Leben auswirken können. Ihre Funktion besteht darin, durch Anpassung an die Bindungspersonen und die Umwelt das Überleben zu sichern, aber auch darin zu erkennen, für welches Verhalten du Anerkennung und Sicherheit erhalten hast. Kinder werden von den Regeln des Umfelds geprägt und entwickeln in den ersten Lebensjahren ihren Charakter und Lebensstil. Durch die noch naive Weltsicht und mangelnde Reflexionsfähigkeit kommt es vor, dass sich negative Glaubenssätze herausbilden, die ein Leben lang anhaften. Beispiele dafür sind: „Ich muss mich anpassen, damit ich geliebt werde", oder: „Ich bin allein für mich verantwortlich, auf andere ist kein Verlass."

Übung:

Denke zurück und beantworte folgende Fragen: Für welches Verhalten wurdest du gelobt? Was haben deine Bindungspersonen von dir erwartet? Welche typischen Sätze fallen dir ein, wenn du an deine Kindheit denkst? Welches Gefühl schwingt mit, wenn du aus kindlicher Perspektive an deine Eltern denkst?

Ermutigende Aussagen vermitteln, dass ein Mensch wertvoll ist, und sind positive Glaubenssätze.

Hier ein paar Beispiele:

- Ich werde geliebt, egal wie ich mich verhalte.
- Fehler gehören zum Leben dazu.
- Wer nicht wagt, der nicht gewinnt.
- Ich muss nicht perfekt sein.
- Meine Meinung ist wichtig.
- Ich darf meinen Weg gehen.
- Ich bin liebenswert.

Negative Überzeugungen über sich selbst und/oder die Welt blockieren und sind destruktiver Natur.

Dabei handelt es sich um negative Glaubenssätze.

Dazu zählen folgende Beispielsätze:

- Ich muss mir Liebe verdienen.
- Ich bin ungeschickt.
- Ich bin zu dick/hässlich/klein/groß.
- Ich darf nicht auffallen.
- Ich muss es allein schaffen.
- Andere sind viel beliebter.
- Ich bin hilflos.

Welcher dieser Sätze trifft bei dir zu? Welche Überzeugungen hast du in der Kindheit über dich gewonnen und verfestigt? Diese Glaubenssätze bestimmen darüber, wie du die Welt wahrnimmst und interpretierst. Entsprechend beeinflussen sie dein Denken, Fühlen und Handeln. Kreise deine negativen Glaubenssätze ein oder ergänze deine individuellen in den freien Zeilen. Die gute Nachricht ist: Du kannst deine eigene Einstellung verändern, indem du deine Glaubenssätze kennst, sie umdeutest und neu interpretierst.

Glaubenssätze umwandeln

Hier erwartet dich eine kleine Aufgabe.

Übung:

Welche Schwierigkeiten/Herausforderungen hast du in deinem Leben bewältigen müssen?

Welche Stärke/Kompetenz ist daraus erwachsen?

Wir alle werden in unserem Leben regelmäßig vor neue Herausforderungen gestellt. Wie wir diese annehmen, ist sehr unterschiedlich: Manche Menschen stürzen in eine tiefe Krise, andere nehmen Herausforderungen dankend an und freuen sich, wieder über sich hinauswachsen zu dürfen. Es gibt diejenigen, die um die gestellte Aufgabe herumschleichen und sich mit vermeintlich wichtigeren Dingen ablenken.

Fakt ist: Wenn du eine vom Leben an dich gestellte Aufgabe gemeistert hast, gehst du daraus gestärkt hervor – egal wie schwierig sie zu bewältigen war. Dies zu erkennen ist gar nicht so einfach. Als ich meinen roten Faden im Leben suchte, fiel es mir plötzlich wie Schuppen von den Augen. Es ist doch kein Zufall, dass ich nun mit Müttern arbeite, die unter der Fülle der alltäglichen Aufgaben fast zusammenbrechen, weil sie sich ganz hintanstellen und Persönlichkeitsmerkmale haben, die eher anderen dienen als ihnen selbst. Erkennst du den Zusammenhang? Mein Leben lang habe ich es (unterbewusst) als meine Aufgabe gesehen, das Leben meiner Mutter „zu retten". Ich habe mich in gewisser Weise für sie „verantwortlich" gefühlt. Das ist sicherlich einer der Gründe dafür, dass ich Sozialpädagogin wurde und mich intensiv mit Unterstützungsmöglichkeiten auseinandersetze.

Denn eins kann ich besonders gut: anderen Menschen helfen! Dieser Satz klingt lapidar, aber das ist eine meiner Kernkompetenzen: Ich kann Emotionen sehr feinfühlig erspüren (weil die Situation in meiner Kindheit das erforderte) und nun nutze ich diese „Superkraft" für meine Arbeit. Meine Kundinnen sind immer wieder erstaunt, was ich bei ihnen zwischen den Zeilen lesen kann, ohne dass es erwähnt wurde. Aus meiner Überangepasstheit erwuchs meine Stärke, sehr flexibel zu sein und mich auf mein Gegenüber einstellen zu können. Trotz allem bleibt die Herausforderung jedes Mal aufs Neue bestehen, dass ich mich nicht in meinem Gegenüber „verliere".

Nachdem ich mir dessen und meiner Stärken bewusst wurde, zu denen auch Neugierde, Wissensdurst und Mut zählen, erkannte ich meinen Wert und beschloss, dem Angestelltenverhältnis in der sozialen Branche den Rücken zu kehren.

Ich bin mir sicher, dass du in deinem Leben bereits einige Herausforderungen gemeistert hast, die deine persönlichen Stärken sichtbar gemacht haben.

Jeder Mensch hat sowohl positive als auch negative Glaubenssätze in sich verankert. Die positiven sind leider oftmals in der Unterzahl, weil unser Gehirn eher negative Ereignisse speichert (Überlebensmechanismus aus der Steinzeit). Die negativen Glaubenssätze dürfen nun weichen und Platz für positive machen. Dafür ist jedoch eine Umkehrung notwendig.

Übung:

Deine Aufgabe lautet: Nimm die Aufzeichnung deiner negativen Glaubenssätze zur Hand und formuliere sie positiv. Vermeide dabei Verneinungen. Ein positiver Glaubenssatz ist ein IST-Zustand.

Beispiele:

- Ich muss mich anstrengen, um geliebt zu werden.
- Umkehrung: Ich bin es wert, geliebt zu werden.
- Meine Bedürfnisse sind nicht wichtig.
- Umkehrung: Ich nehme mich wichtig und finde heraus, was ich will.

Wenn dir diese Übung schwerfällt, gehe zurück zur letzten Aufgabe und versetze dich gedanklich in die Situation, in der du eine Herausforderung gemeistert hast. Hier findest du den Beweis, dass du es aus eigener Kraft geschafft hast (selbst wenn Unterstützung nötig war – auch das ist okay). Du befindest dich aktuell in einem Prozess und die Aufgabe ist relativ schwierig. Du kannst die neuen positiven Glaubenssätze auf den Prüfstand stellen, indem du durch Beobachtung aktiv nach Bestätigung für die neue Überzeugung suchst. Du untermauerst also deine positiven Glaubenssätze durch Beweise. Nimm dir ausreichend Zeit für diesen Prozess. Durch diese Wahrnehmungsübung trainierst du deine Achtsamkeit. Mit der Zeit wirst du feststellen, wie sich dein innerer Dialog verändert. Zunächst erscheinen dir die neuen positiven Glaubenssätze wie eine Schlagzeile in einer Zeitung – und nicht wie die Überschrift eines neuen Kapitels in deinem Tagebuch. Bewusst verändertes Denken fühlt sich zunächst fremd an, doch es kann schnell zu deiner neuen Realität werden, wenn du diese umgekehrten Glaubenssätze immer wieder in deinen Tagesablauf integrierst und ihnen Beachtung schenkst.

Eine meiner Kundinnen stellte sich am Tag mehrfach den Wecker. In der dazugehörigen Notiz tauchte immer wieder ihr neuer Glaubenssatz auf. Ihr Unterbewusstsein wurde somit immer wieder reaktiviert und nach wenigen Wochen der Übung und einiger Beweise, dass die neuen Glaubenssätze durchaus zu ihrer jetzigen Lebenswelt passen, wurden diese positiven Glaubenssätze zur Realität! Der Fokus veränderte sich und irgendwann kam auch der Verstand hinterher (der ist leider immer ein wenig langsamer unterwegs).

In herausfordernden Situationen, wenn sie Gefahr lief, wieder in alte Muster zu rutschen, stand ich ihr als Trainerin zur Seite und erinnerte sie daran, dass Wachstum kurvenförmig verläuft. Entwicklungen beinhalten Hochs und Tiefs. Auch nach erfolgreich absolviertem Coachingprogramm durchleben die Mamas zeitweise schwierige Phasen. Doch diese sind lediglich Wolken am Horizont. Die Frauen haben verstanden, dass sie der Himmel sind, mit allem, was dazugehört. Auf diese Weise lassen sich mithilfe der erlernten Techniken und des integrierten Wissens die Wolken anders einordnen. Die Frauen wissen, dass auf Regen bald wieder Sonnenschein folgt. An manchen Tagen können sie die Wolken direkt beiseitepusten, damit ihr Himmel wieder klar ist. Das Leben wird immer geprägt sein von Gegensätzen wie warm und kalt, einfach und schwer, Tag und Nacht, Gesundheit und Krankheit, groß und klein.

Dein Leben stellt immer wieder neue Herausforderungen an dich, um dich zu prüfen und dich an deinen Aufgaben wachsen zu lassen. Wie könntest du deine Gesundheit schätzen, wenn du niemals krank wärst? Krisen bringen die Menschen in Bewegung und fordern stets eine Veränderung. Mit etwas zeitlichem Abstand wirst du nach Herausforderungen feststellen, dass Umwege dich an ein neues Ziel bringen. Erinnerst du dich an die Wachstumsschübe deines Kindes?

Nach kräftezehrenden Tagen mit Unruhe, Weinen, Meckern, Schlaflosigkeit und intensivem Körperkontakt folgte Entspannung, denn eine neue Kompetenz hatte sich herausgebildet. Die positiven Zustände nehmen wir leider im Alltag weniger wahr als die negativen. Daher ist es sehr wichtig, dass du dich täglich „in den Moment" holst und dich immer wieder aktiv daran erinnerst, zu genießen. Gehe liebevoll mit dir selbst um, bis sich die neuen Annahmen über dich selbst verfestigt haben und zu deinem neuen Normalzustand geworden sind.

Loslassen

Damit in deinem Gehirn genügend Platz frei ist für neue „Autobahnspuren", ist es notwendig, „Altlasten" loszuwerden. In diesem Kapitel erfährst du, wie du dich von ihnen trennen kannst. Dazu zählen unter anderem belastende Gedanken, negative (limitierende) Glaubenssätze, Verhaltensweisen, die dir nicht dienlich sind, und vielleicht sogar Menschen, die dir nicht guttun. Deine negativen Glaubenssätze hast du bereits in positive transformiert. Ich wiederhole mich an dieser Stelle gern: Es ist notwendig, dass du die positiven Glaubenssätze nun zu deiner Realität werden lässt. Suche dir dafür eine für dich passende Möglichkeit aus und setze sie täglich (!) um.

Ideen zur Umsetzung:

- Notiz am Spiegel
- Erinnerung im Handy
- Reminder im Tagebuch
- Ein von dir ausgewähltes Symbol, das du bei dir trägst

Deine neuen Glaubenssätze wertschätzen dich mit all deinen Facetten. Du bist wertvoll, weil du bist! Ich hoffe, dass es nicht mehr lange dauert, bis du es dir selbst glauben kannst!

Bisher hast du dich und deine Bedürfnisse ganz hinten angestellt. Das ändern wir ab sofort, weil du eine wunderbare Person bist und es verdient hast, dich um deine Seele kümmern zu dürfen. Erlaube es dir!

„Mental overload" loswerden

Ein „Nein zu anderen" (Personen oder Aufgaben) ist ein „Ja zu dir selbst". Abgrenzung ist dafür die allerwichtigste Strategie. Klingt banal, ist im Alltag für manche Personen allerdings äußerst schwierig. An dieser Stelle widmen wir uns erneut deinem Tagespensum an Aufgaben. Du ahnst es schon: Wir schauen, welche du abgeben oder ganz und gar streichen kannst. Nur so schaufelst du dir Zeit frei für Erholung und Tätigkeiten, die dir echte Erfüllung und Zufriedenheit verschaffen.

Übung:

Schreibe in diesen Kreis deine alltäglichen Aufgaben. Was spürst du, wenn du diese Fülle an Aufgaben in deinem Kreis siehst?

Mit einem grünen Stift markierst du alle notwendigen Aufgaben, die durch dich ausgeführt werden müssen. Ein roter Stift markiert all diejenigen, die du abgeben, auf später verschieben oder vielleicht sogar einfach weglassen kannst.

Übung:

Welches Gefühl kommt in dir auf, wenn du dich mit dem Thema „Loslassen/Abgeben“ konfrontierst?

___

___

___

___

Ressourcencheck

Zunächst stellt sich vielleicht ein Gefühl der Ausweglosigkeit ein. Du denkst, dass du diese Aufgaben an niemanden abgeben kannst. Wenn du dich in einer Partnerschaft oder Ehe befindest, ist dein Gegenüber die erste Person, die von nun an mehr mit einbezogen wird.

Solltest du alleinerziehend sein, darfst du deinen Radius gedanklich erweitern. Das gilt aber auch für Frauen in einer Beziehung.

Zur Erinnerung: „Es braucht ein ganzes Dorf, um ein Kind großzuziehen.“

Betrachte deine Partnerin bzw. deinen Partner. Wie sieht in eurer Familie die Aufgabenverteilung aus? Seid ihr gleichermaßen an Haushalts- und Betreuungsaufgaben beteiligt? Wer gestaltet bei euch die Freizeit mit den Kindern? Wer kümmert sich um den Einkauf? Wer geht mit den Kindern zur Vorsorgeuntersuchung? Wer sorgt für wettergerechte und passende Kleidung? Wer bringt die Kinder ins Bett? Wer besorgt Geschenke für Feste und Einladungen?

In meiner Arbeit begegnen mir fast ausschließlich Frauen, die die oben aufgezählten Aufgaben, oftmals neben ihrer Erwerbstätigkeit, alleine stemmen. Klar, so manche Aufgabe macht auch Spaß, doch wenn die Fülle an Aufgaben die Anzahl der Stunden des Tages übersteigt, sind es definitiv zu viele! Welche Aufgaben möchtest du gern abgeben (unabhängig davon, ob du sie deinem Gegenüber zutraust)? Probiere es aus! Stück für Stück. Gib eine dieser wichtigen Aufgaben samt Verantwortung ab. Möglicherweise wird sie anders ausgeführt, als es dir lieb wäre, doch ich ermutige dich: Lass dem anderen Raum für eigene Erfahrungen. Sprecht über Erwartungen und gib, wenn nötig, eine kleine (liebevolle) Anleitung/Einweisung.

Du wirst sehen, es tut unglaublich gut, sich Stück für Stück ein entspannteres Alltagsleben aufzubauen. Nicht vergessen: Du allein bist dafür verantwortlich, dass es sich ändert. Veränderst du dich, wird der Rest der Familie ebenfalls „in Schwingung“ geraten und Grenzen werden sich verschieben.

Du hast im ersten Schritt deine/n Partner/-in mehr in den Tagesablauf mit einbezogen, dadurch punktuell mehr Erholungszeit gewinnen können. Aber auf Dauer ist auch das nicht ausreichend. Dein/e Liebste/r braucht nämlich ebenso Freiräume, um den alltäglichen Aufgaben gelassen begegnen zu können. Um das Dorf aus dem afrikanischen

Sprichwort zu kreieren, das bei der Betreuung unterstützt, ist es sinnvoll, seinen gedanklichen Radius zu erweitern. Gerade wenn es sich um eine Familie mit mehreren Kindern und möglicherweise noch Haustieren oder zu pflegenden Angehörigen handelt, solltest du dir unbedingt folgende Fragen stellen:

Gedankenimpuls:

- „Wem würde ich mein Kind bedenkenlos anvertrauen?"
- „Wen mag mein Kind besonders gern, bei wem fühlt es sich wohl?"

Findest du Menschen außerhalb deines engsten Familienkreises, die möglicherweise auch in Frage kämen? Freunde, Nachbarn, erweiterte Familie (Tante, Onkel, Cousin, Cousine, Großtante ...)? Falls du keine weitere Person in deinem Umkreis hast, der du eine Betreuung zutrauen würdest, spiele doch einmal mit dem Gedanken einer bezahlten Betreuungskraft. Es gibt einige Studierende oder Auszubildende in Erziehungsberufen, zweisprachige Nannys, Au-pairs oder auch ein jugendliches Nachbarskind. Was würden dir zwei Stunden Freizeit nach der Kita bedeuten, wenn eine Vertrauensperson dein Kind abholen und mit ihm eine tolle Zeit auf dem Spielplatz verbringen würde? Vielleicht ein oder zwei Mal in der Woche? Natürlich muss sich dein Kind bei dieser Person sehr wohl fühlen und dein Vertrauen ist ebenfalls ein wichtiger Faktor. Sollte sich eine Person aus deinem Umfeld finden lassen, die das gern und unentgeltlich tut, wäre das der Jackpot. Aber auch dann, wenn es einen Betrag kostet, ist es das nicht wert? Dein Kind profitiert davon, weil eine motivierte Person mit ihm spielt. Mal ehrlich, bist du immer voller Inbrunst dabei, wenn es nach der Arbeit gilt, über Klettergerüste zu turnen oder Sandburgen zu bauen? Oder wünschst du dir insgeheim eine Stunde Ruhe, einen köstlichen Kaffee und eine Runde Leerlauf im Gehirn nach getaner Arbeit? Dabei würde zusätzlich sowohl bei deinem Kind als auch bei dir eine wichtige Fähigkeit trainiert: das Loslassen.

Auch in Bezug auf den Haushalt gibt es Unterstützungsmöglichkeiten. Freunde von mir haben die Mutter des Vaters/Partners in den Haushalt mit einbezogen und zahlen ihr dafür ein kleines Gehalt. Wieso eigentlich nicht? Du wünschst dir Zeit mit deinen Kindern, die täglich anfallenden Reinigungsarbeiten im Haushalt nerven zunehmend und du bist diese ewigen Diskussionen um Reinigungsarbeiten leid? Da bist du definitiv nicht allein! Aber es gibt tatsächlich Menschen, die Freude an genau diesen Tätigkeiten haben und gerne unterstützen. Vielleicht hat deine Schwiegermutter (oder andere Personen) viel Zeit, Freude an Haushaltsangelegenheiten und freut sich über eine kleine Entlohnung. Dagegen ist absolut nichts einzuwenden. Bezüglich Unterstützung gegen Geld werden oftmals alte Glaubenssätze im Geist aktiviert, die es zunächst merkwürdig erscheinen lassen, Familienangehörige für eine Dienstleistung zu bezahlen. Aber mal ehrlich: Würdest du deine Schwiegermutter fragen, ob sie (unentgeltlich) regelmäßig bei dir putzen möchte? Ich denke, diese Frage würden die wenigsten stellen. Öffne auch hier deine Gedankenwelt. Wer kommt noch infrage? Ist eine Person in deinem Umfeld vielleicht gerade dabei, für etwas zu sparen, und würde sich über einen Hinzuverdienst freuen? Hat jemand in deinem Umfeld gerade seinen Job verloren? Es gibt auch unzählig viele Studierende oder andere (noch fremde) Menschen, die sich dieser Aufgabe (gegen Entgelt) sehr gern stellen würden. Im Internet sind Angebote zu finden. Aber auch Aushänge an Universitäten oder Fachhochschulen oder im Supermarkt sind Möglichkeiten, jemanden zu finden. Und es entstehen immer mehr Internetseiten, auf denen man in unmittelbarer Nachbarschaft Suchanfragen für die unterschiedlichsten Tätigkeiten einstellen kann.

Perspektivwechsel

Ich möchte noch einmal den Aspekt des „Unterstützens" aufgreifen. Dazu ist mir ein wundervoller Impuls von John Strelecky (amerikanischer Autor u. a. von „Das Café am Rande der Welt", „The Big Five for Live") eingefallen. Ich habe ihn an einem Abend in meiner Stadt bei einer Autoren-Lesung erleben dürfen. Kleine Werbung am Rande: Seine Bücher haben mich unglaublich inspiriert! Er fragte ins Publikum: „Wer hilft gerne anderen Menschen?" Fast alle Anwesenden meldeten sich per Handzeichen. Er beschrieb dieses gute und wohlige Gefühl, welches dabei entsteht. Dann fragte er: „Wer lässt sich gern helfen?" Nur sehr wenige Hände wurden gehoben. Es war deutlich zu beobachten, dass es den meisten Menschen Freude bereitet, anderen zu helfen, es sich aber schwieriger gestaltet, Hilfe anzunehmen. Er stellte die These in den Raum, wer keine Hilfe annehme, sei egoistisch. Denn in dem Moment verwehre man dem Gegenüber dieses gute und wohlige Gefühl. Ich war fasziniert von diesem einfachen, aber genialen Gedankenspiel.

Weshalb wir oftmals keine Hilfe annehmen, liegt an unseren Glaubenssätzen. Wir wollen niemandem zur Last fallen, dem anderen keinen Aufwand bescheren, aber damit machen wir uns klein!

Apropos: Wie waren doch gleich deine positiven Glaubenssätze?

Was neben meinem ersten Kind stark meine Aufmerksamkeit forderte, war das Verantwortungsgefühl gegenüber meiner Mutter. Als ich das losließ und mein Gewissen neu ausrichten konnte, fiel mir eine große emotionale Last von den Schultern. Wer Angehörige pflegt oder einem Elternteil so nahesteht, dass man stets Verantwortung übernimmt, kann nachempfinden, welche inneren Konflikte sich über Jahre in mir abspielten. Wie ich zu Beginn des Buches bereits erwähnte, hat mich dieses Gefühl mein gesamtes bisheriges Leben lang begleitet. Oft kreisten meine Gedanken um das Wohlbefinden meiner Mutter, bis ich eines Tages verstand, dass nicht ICH für ihr Wohlbefinden verantwortlich bin, sondern sie selbst. Ich hatte viel Zeit und Anstrengung investiert, um ihre Lebenssituation zu verbessern. Viele Ratschläge wurden nicht umgesetzt, angenommen oder sind im Sande verlaufen, was bei mir zu Frustration führte. Als ich begriff, dass sie selbst für sich verantwortlich ist, folgte auch die Erkenntnis, dass ich ihr meine Idealversion von einem guten Leben überstülpen wollte. Sie nahm sich selbst und ihre Bedürfnisse anders wahr als ich, und sie wollte die Unterstützung, deren Bedarf ich ihr unterstellte, gar nicht. Ich konnte mir die Mühe und die vielen (ungesehenen) Stunden also sparen. Ich begriff auch, dass es ihr gutes Recht ist, diese Hilfe nicht anzunehmen! War das eine Erleichterung! Eines Tages sagte ich zu ihr: „Ich habe dich sehr, sehr gern und ich werde dir immer helfen, wenn du mich darum bittest. Aber ich werde ab jetzt keine ungefragten Bemühungen mehr anstellen und dir nichts mehr aufdrängen." Mit dieser Aussage fiel Ballast von meinen Schultern. Hinzu kam, dass ich mich dafür verantwortlich fühlte, ihre Freizeit mit regelmäßigen Treffen zu gestalten. Daher fragte ich sie offen, wie oft sie mich und mein Kind gern sehen würde und wie ihr diese Zusammenkünfte am besten gefallen würden. Allein mit mir, allein mit Kind oder alle zusammen? Nachdem wir diese Punkte endlich einmal besprochen hatten und jeder seine Wünsche geäußert hatte, kannte ich ihre Gedanken zu dem Thema. Manchmal hilft es, die Karten auf den Tisch zu legen – auch wenn es zunächst schwer erscheint. Es kann so einige Knoten lösen. Einseitige Spekulationen führen nämlich zu keinem Ergebnis.

An dieser Stelle habe ich ein Gedankenspiel für dich: Wenn Menschen ein Kind erwarten, haben sie (meistens) die Wahl, ob sie dieses Kind bekommen möchten oder nicht. Das Kind wiederum wird nicht gefragt, ob es diese Welt betreten möchte. Eltern tragen ihren Kindern gegenüber Verantwortung, weil sie sich bewusst für diese Aufgabe entschieden haben. Kinder haben in diesem Sinne keine Verantwortung ihren Eltern gegenüber. Je nach Verhältnis unterstützt man sich gegenseitig. Doch ich finde, Blutsverwandtschaft ist nicht zwingend (emotional) bindend. Die Herkunftsfamilie steht einem nicht immer unbedingt am nächsten. Man kann ebenso andere Menschen in sein Leben lassen, ohne dass ein Verwandtschaftsverhältnis besteht.

Überprüfe deine Gedanken und Gefühle bezüglich folgender Frage: Wenn du an deine Familie denkst, fühlst du BElastung oder ENTlastung? Es geht hier nicht darum, dass oder ob sie dich häufig unterstützen. Du solltest jedoch eine gute Zeit mit ihnen haben und Zufriedenheit empfinden, wenn ihr zusammen seid.

Ballast loswerden

Zum Thema Loslassen gehört auch, materiellen Ballast loszuwerden. Geht es dir auch so, dass sich im Laufe der Jahre sehr viele Dinge angesammelt haben und du kaum hinterherkommst, alles in Ruhe auszusortieren? Äußere Ruhe schafft innere Ruhe. Bei vielen Familien führt das Thema „Ordnung“ immer wieder zu Spannungen. Hat jedoch alles seinen festen Platz, so lernen auch Kinder leichter, das

Spielzeug wieder zurückzuräumen. Ich merke im Urlaub immer wieder, wie gut man mit wenig(er) zurechtkommt. Wenig Kleidung, ausgewähltes Spielzeug, ein paar Bücher und Malutensilien. Sowohl die kleinen Gehirne als auch die unseren können durch Chaos schnell überreizt werden. Vielleicht hast du auch eine Ecke, in der sich Dinge türmen, die zu schade sind für den Müll, im Alltag aber nicht (mehr) benutzt werden.

Nimm dir wöchentlich ein gewisses Zeitfenster, das in deinen Alltag passt, und sortiere eine Ecke, einen Schrank oder ein Zimmer durch. Du wirst sehen: Wenn du eine gewisse Aussortier-Routine entwickelt hast, fängt es an, richtig Spaß zu machen. Zeitgleich wird die Seele von „Ballast" befreit.

Mit Kindern kann man das ebenfalls etwa ab dem vierten Lebensjahr beginnen. Ein Teil wird aussortiert, damit Neues Platz finden kann (beispielsweise kurz vor Weihnachten, Ostern oder vorm Geburtstag). Wenn ich an die Versuche denke, gemeinsam mit meiner Tochter Dinge in ihrem Kinderzimmer auszusortieren, muss ich schmunzeln. Sobald die mütterliche Hand ein lange nicht genutztes Spielzeug berührte, wurde es plötzlich superinteressant. Ein Phänomen! Daher widme ich mich dem Kinderzimmer meistens, wenn mein Kind nicht anwesend ist. Wie ist es bei dir? Hältst du an materiellen Erinnerungen fest? Ich habe bewusst hinterfragt, warum es mir schwerfällt, mich von Kindheitserinnerungen zu trennen und weshalb ich sie überhaupt aufbewahre. So selten werden sie angeschaut.

Zum einen wurde mir dieses Verhalten von meinen Eltern vorgelebt, zum anderen finde ich den Gedanken schrecklich, noch nutzbare Dinge in den Müll zu werfen, weil mir Nachhaltigkeit wichtig ist. Es fällt mir leichter, Aussortiertes zu spenden oder zu verkaufen. Hier geht es um „bewusstes Loslassen“, und das ist ein erlernbarer Prozess.

Selbstliebe

Zeit für dich im Alltag

Kennst du das Gefühl der Unzufriedenheit, wenn du am Abend neben deinem Kind bei der Einschlafbegleitung gegen die Müdigkeit angekämpft hast, weil du dich nach einer ruhigen Stunde sehnst – dann, wenn alles schläft? Der Tag hat dir keine Lücke zur Erholung gelassen und du würdest so gerne mal wieder einen Film sehen, in deinem Buch weiterlesen, mit einer Freundin telefonieren, Zeit mit dem/der Partner/-in verbringen. Die Liste mit Wünschen ist endlos lang. Doch wenn du es geschafft hast, dich wieder aus dem Bett zu erheben, sind deine Augen bleischwer und die Zeit ist derart fortgeschritten, dass es sich nicht mehr lohnt, etwas für dich zu beginnen. Beim Zähneputzen im Bad begegnest du deinem/deiner Partner/-in mürrisch, denn er/sie hatte schon gemütliche eineinhalb Stunden für sich. Dass du dir tagsüber keine Zeit für dich genommen hast, liegt an deiner Priorisierung. Bisher war alles andere wichtiger als ein Date mit dir, stimmt‘s? Die unbequeme

Wahrheit lautet: Von selbst wird sich kein regelmäßiges Zeitfenster für dich auftun und dir Erholungszeit anbieten. In diesem Kapitel lernst du, dich selbst zu lieben, deinen Wert zu erkennen, dich hin und wieder an erste Stelle zu setzen.

Wenn du schon einmal mit dem Flugzeug unterwegs warst, kennst du dieses Informationsblatt. Es beschreibt, wie bei Druckabfall die Sauerstoffmasken aus den Fächern über den Sitzen herausfallen. Damit du deine Kinder oder andere Passagiere retten kannst, ist es essenziell, dass du zuerst dir die Maske aufsetzt. Denn wenn du ohnmächtig bist, kannst du niemandem helfen. Ein wunderbares Sinnbild für Mutterschaft. Leider sind die meisten von uns so konditioniert, dass wir (mit unserem überaus großherzigen Gewissen) zuerst alle anderen retten und erst, wenn wir kurz vor dem Ertrinken sind, selber nach Luft schnappen.

Das wird ab sofort anders – erlaube dir, dich zur Priorität zu machen

Wenn ich im Coaching mit den Frauen an diesem Punkt angelangt bin, höre ich viele Klagen über ihre Partner. Doch eins machen viele der Männer richtig: Sie empfinden keinen Stress, wenn der Haushalt wüst ist! Ihnen ist es auch egal, ob das Kind angezogen wie ein kunterbunter Clown in die Kita geht. Mitten am Nachmittag legen sie sich auf das Sofa und daddeln am Handy oder schlafen sogar. Ich bin mir ziemlich sicher, dass du das nicht tust. Dass dieser Punkt so manche Frau triggert, heißt übersetzt, dass genau DA hingesehen werden darf. Der Mann nimmt sich in diesem Fall die Pause, die er gerade braucht. Warum tust du es nicht?

Dein Verstand sagt: „Dann bleibt ja alles liegen!"... „Einer muss es ja aufräumen."... „Die Kinder können doch nicht das dritte Mal in Folge Nudeln zum Abendessen bekommen!"...

Der Unterschied liegt in der Selbstfürsorge und manchmal auch darin, dass die Männer so etwas wie Unordnung einfach nicht sehen, weil es sich für sie nicht wichtig anfühlt. Es gibt Paare, bei denen es andersherum ist, aber in meiner Arbeit begegnen mir überwiegend Frauen mit dieser Einstellung. Fühlt euch nicht ausgeschlossen, liebe Männer! Die Frauen, mit denen ich arbeite, haben einen hohen Anspruch an die verschiedenen Lebensbereiche. Ihnen war bis zu diesem Punkt wichtiger, dass die Küche aufgeräumt ist, als dass sie selbst Energie aufgeladen haben. Doch in einem Punkt sind sich alle einig: Sie wünschen sich nichts sehnlicher als Zeit für sich! Also geh bitte in die Selbstverantwortung und probiere die folgende Übung direkt aus!

Ein Date mit dir selbst

Nimm deinen Kalender zur Hand und suche nach einem freien Zeitfenster. Wenn du keines findest, ermögliche dir eins, indem du die Betreuung der Kinder an eine andere Person überträgst, dir einen Tag freinimmst (oh ja – auch du kannst dir einen Tag Urlaub oder Überstundenausgleich nehmen und ihn nur mit dir allein verbringen!) oder den Wocheneinkauf einfach mal auf den nächsten Tag verschiebst und zum Abendbrot Essen bestellst. Trage in diese Lücke das Date mit dir ein. Es hat Priorität wie ein Arzttermin! Wie groß das Zeitfenster ist, entscheidest du. Eine Stunde oder ein halber Tag, probiere es einfach aus. Nun schreibe hier in das Feld, was du Tolles machen wirst. Spaziergang in der Natur, Friseurtermin, auf dem Sofa liegend ein Buch lesen, einen Ausflug machen ... wonach deine Seele sich eben sehnt. Verboten sind in dieser Zeit: Haushalt und alles was dazu gehört, Betreuung oder Erledigungen für andere Menschen. Trage im Anschluss an das Date mit dir selbst in das Feld ein, wie du dich während dieser kleinen Auszeit gefühlt hast und welche Auswirkungen spürbar waren. Nun liegt es an dir, dir weiterhin Zeiten für deine Seele freizuhalten. Scheue dich nicht davor, das deiner Familie gegenüber offen zu kommunizieren. Alle profitieren von einer Mama, die entspannt ist und gute Laune hat. Im

Gegenzug dazu bist du eben ab und zu mal weg und nur für dich da.

Ein Date mit mir am: ______________________

____

____

Ich werde: ______________________

____

____

So habe ich mich währenddessen gefühlt: ______________________

____

____

Mein nächstes Date findet statt am: ______________________

____

____

Deine Vorbildfunktion

Ein weiterer wichtiger Aspekt ist auch an dieser Stelle wieder deine Wirkung als Vorbild. Man kann Kindern noch so viel erzählen, wie das Leben funktioniert, schlussendlich lernen sie aus deinen Handlungen. Wenn ihnen vorgelebt wird, dass man sich um seine Gesundheit (und damit ist auch die seelische Gesundheit gemeint) kümmern muss, werden sie es eines Tages gleichtun.

Durch die Geschichte meiner Mentorin während der Gründungsphase bin ich auf den Namen für meine Workshops gekommen: „MamaKurzurlaub". Sie war eines von drei Kindern, die Mutter alleinerziehend. Tag und Nacht für ihre drei Mäuse da, doch einmal wöchentlich verabschiedete sich die Mutter in die Sauna. Das war ihr Kurzurlaub. Weil es regelmäßig stattfand, war es für die Kinder normal, dass ihre Mutter einmal wöchentlich für sich selbst sorgte. Ich fragte meine Mentorin, wie sie ihre Mutter wahrgenommen hat, und sie meinte: „Überwiegend entspannt und liebevoll."

Wünschst du deinen Kindern nicht auch eine Mama, die die Bedürfnisse und Herausforderungen der Kleinen liebevoll begleiten kann? Seit zwei Jahren zelebriere ich ebenfalls regelmäßig Termine mit mir und das Ergebnis ist bei meiner Tochter spürbar. Während meiner Schwangerschaft sagte meine Vierjährige zu mir: „Mama, wenn das Baby da ist, werde ich es im Park spazieren fahren, damit du dich mal ausruhen kannst." Sie hat verinnerlicht, dass ich diese Zeiten brauche, um weiterhin die liebevolle Mama sein zu können, die wir uns alle wünschen. Ihr ist auch bewusst, dass es in dem Moment allein um mich geht und ich keinen Abstand zu ihr suche. Es ist für alle Familienmitglieder Normalität. Wir sorgen dafür, dass jede Person hier und da ihre persönliche Auszeit bekommt. Voraussetzung ist allerdings, dass es kommuniziert wird und die Person in Selbstverantwortung geht. Es ist nicht die Aufgabe der restlichen Familienmitglieder, zu erahnen, wann einer mal eine Pause braucht.

Hast du diese Zeiten für dich etabliert, wirst du vom Überlebensmodus in den Schöpfermodus umschalten. Ich erlebte es bei einer meiner Mütter im Coachingprogramm, aus der plötzlich so viele Ideen sprudelten, was sie als Nächstes tun wollte. Sie schrieb mir sogar, dass sich ihr Leben teilweise wieder so anfühlen würde wie vor dem Kind. Sie erlebte sich wieder als eigenständige Person, als Frau – und nicht mehr nur als Mutter.

Ich werde nun dein schlechtes Gewissen unter die Lupe nehmen. Doch zuerst noch eine Frage: Wie lauten deine neuen positiven Glaubenssätze? Kannst du im Alltag spüren, dass sie sich nicht mehr so fremd anfühlen? Hast du inzwischen Situationen erlebt, die diese neuen Annahmen über dich selbst bestätigen? Wenn du in eine Situation gerätst, in der du dich erwischst, wie du andere nicht enttäuschen oder es ihnen recht machen willst, habe ich einen Perspektivwechsel für dich.

Gedankenexperiment

Stelle dir vor, du bist 88 Jahre alt, schaust auf dein Leben zurück und sollst deiner aktuellen Version von dir einen Ratschlag für diese Situation geben. Was würde dein „altes Ich“ dir sagen?

Indem du dich in die Meta-Perspektive begibst, rüttelst du dein Unterbewusstsein wach. Du wirst erstaunt sein, wie weise es ist. Im Inneren weißt du genau, was deine Seele braucht und was zu tun ist, wenn du für dich einstehst. Nehmen wir das Beispiel der Krankschreibung: Du spürst, dass dein Limit erreicht ist, du benötigst dringend eine Auszeit, denkst aber im selben Atemzug an deine Kolleginnen, die deine gesamte Arbeit übernehmen müssten, obwohl sie selbst überlastet sind. Du löst das Problem der Überlastung jedoch nicht, indem du selbst regelmäßig an deine Grenzen gehst und schlussendlich langfristig ausfällst. Ist es das wert? Liebst du deine berufliche Tätigkeit so sehr, dass du ihr alle deine Energie schenkst, bis du förmlich leer bist? Es kann sich strukturell nur etwas verändern, wenn Angestellte aus diesem Hamsterrad aussteigen. Trau dich! Deine Kolleginnen können eine Überlastungsanzeige stellen, sie können sich weigern, deine Aufgaben zu übernehmen, sie können sich ebenfalls krankschreiben lassen oder gar das Unternehmen verlassen. Spürst du, wie viel Macht du über dein Leben hast? Alles ist nur eine Entscheidung weit entfernt. Mal angenommen, es wäre völlig egal, was andere über dich denken, und du hättest keinen finanziellen Druck. Würdest du in diesem Modell weiterarbeiten? JETZT sind deine Kinder klein und brauchen dich. Die Zeit, in der die Kinder sich lieber mit Freundinnen treffen oder zum Sportverein gehen, statt mit dir zusammen zu sein, kommt schneller, als du denkst. Vielleicht flüstert dir dein 88-jähriges Ich gerade zu, dass diese Zeit unglaublich kostbar ist und du es möglicherweise bereuen könntest, deine Energie in Arbeit, Geld verdienen und Haushalt gesteckt zu haben. Paradoxerweise sind wir vom Alter und kognitiven Entwicklungsstand auf dem beruflichen Höchstpunkt angelangt – und zugleich ist das heutzutage die Phase der Familiengründung. Zwei herausfordernde und zeitaufwendige Lebensaufgaben! Du selbst hast es in der Hand, deine Zeit- und Energieressourcen zu verteilen. Dem voraus geht allerdings das Bewusstsein darüber, um daraus Handlungen ableiten zu können. Wie viel Geld braucht ihr als Familie wirklich, um gut leben zu können? Ist jetzt (während die Kinder klein sind) der Moment, um Geld zu sparen?

Nimm diese Gedanken mit und lasse sie in dir wirken.

Positive Psychologie

Um an deiner Lebenszufriedenheit zu arbeiten, lohnt es sich, das positive Denken zu trainieren. Ich erzähle dir dafür die Geschichte der Glücksbohnen.

> Es war einmal ein Bauer, der steckte jeden Morgen eine Handvoll Bohnen in seine linke Hosentasche. Immer, wenn er während des Tages etwas Schönes erlebte, wenn ihm etwas Freude bereitete oder er einen Glücksmoment empfunden hatte – etwas, wofür er dankbar war –, nahm er eine Bohne aus der linken Hosentasche und gab sie in die rechte.
>
> Am Anfang kam das nicht häufig vor. Aber von Tag zu

Tag wurden es mehr Bohnen, die von der linken in die rechte Hosentasche wanderten. Der Duft der frischen Morgenluft, der Gesang der Amsel auf dem Dachfirst, das Lachen seiner Kinder, das nette Gespräch mit einem Nachbarn – immer dann kam eine Bohne von der linken auf die rechte Seite.

Bevor er am Abend zu Bett ging, betrachtete er die Bohnen in seiner rechten Hosentasche. Bei jeder Bohne konnte er sich an ein schönes Erlebnis erinnern. Dann schlief er zufrieden und glücklich ein – auch an den Tagen, an denen er nur eine einzige Bohne in seiner rechten Hosentasche fand.

Der Geschichte können wir entnehmen, dass der Bauer sich täglich bewusst Zeit genommen hat, die schönen Momente des Lebens zu genießen. Durch die Bohnen wurde er immer wieder daran erinnert, im Moment zu verweilen. Diese Übung kannst du im Alltag ganz einfach integrieren:

Packe dir drei bunte Knöpfe in deine Hosentasche. Wenn du am Tag einen Glücksmoment verspürst, wandert ein Knopf von der einen Hosentasche in die andere. Du wirst sehen, mit der Zeit öffnet sich dein Geist für mehr als drei Glücksmomente, weil du wieder die kleinen schönen Dinge im Alltag wahrnehmen kannst. Die Knöpfe laden dich dazu ein, für einen Moment die Zeit stillstehen zu lassen. Das beruhigt Körper, Geist und Seele.

Das Geheimnis der 100-Jährigen

Hast du schon einmal von den „Blue Zones" (blauen Zonen) gehört? Es sind Orte, an denen die ältesten Menschen der Welt leben. Dazu zählen Okinawa (Japan), Sardinien (Italien), die Nicoya-Halbinsel (Costa Rica), Ikaria (Griechenland) und Loma Linda (Kalifornien, USA).

Dass Lebenszufriedenheit, Bewegung und gesunde Ernährung zu einem langen Leben verhelfen, war mir bekannt. Doch dann sah ich die Dokumentation „Wie wird man 100 Jahre alt? Die Geheimnisse der Blauen Zonen".[5]

Dan Buettner hat viele Jahre zu den „Secrets of Long Life" geforscht. Heraus kamen die sogenannten „Power 9" – neun Grundfaktoren, die die Hundertjährigen gemeinsam haben.

Ein Geheimnis der Langlebigkeit besteht in der Lebenszufriedenheit. Die Bewohner der Blue Zones haben für sich ihren Lebenssinn, ihr „Ikigai", gefunden. Das ist der Grund, weshalb sie morgens aufstehen. Sie verfolgen ihn bis zu ihrem Lebensende (was in diesen Fällen manchmal über die 100 Jahre hinausgeht). Die ältesten Menschen sind Teil der Gesellschaft, sie empfinden Zugehörigkeit und sind umgeben von der Familie und Freunden. Gemeinsam kommen sie verschiedenen Aktivitäten nach, sie engagieren sich ehrenamtlich, treiben gemeinsam Sport, wandern und erledigen die meisten Dinge von Hand. Hinzu kommt der Genuss von Wein. Die maßvollen Genießer leben länger als

5 https://utopia.de/ratgeber/blue-zones-das-geheimnis-eines-langen-lebens/

die Nichttrinker. Dass Bewegung gesund hält, liegt auf der Hand. Verblüffend war die Aussage, dass „umso steiler die Bergdörfer, umso älter die Bevölkerung". Diese Menschen brauchen keine Fitnessstudios oder Personal Trainer. Sie haben die täglichen natürlichen Herausforderungen der Umgebung bis ins hohe Alter selbst gemeistert. Wenn du dir selbst liebevoll begegnest, verzichtest du auf den Fahrstuhl, begibst dich in die Natur, führst du deinem Körper gesundes Essen zu (am besten überwiegend pflanzlich). Neu war für mich die 80/20-Regel: Die Bewohner der Inselkette Okinawa (Japan) essen lediglich, bis ihr Magen zu 80 % gefüllt ist. Vor jedem Essen erinnern sie sich bewusst daran. Die Differenz von 20 % zwischen gestilltem Hungergefühl und dem Sättigungsgefühl macht den Unterschied zwischen Gewichtszunahme und Gewichtsabnahme. Wie die ältesten Menschen der Welt mit Stress umgehen, kannst du sicherlich schon erahnen. Sie haben verschiedene, dennoch sich täglich wiederholende Rituale, um abzuschalten. Die Ikarier machen täglich ihr Nickerchen, auf Sardinien gönnt man sich eine Happy Hour, in Loma Linda beten die Bewohner. Welches könnte dein neues Ritual werden, um täglich für eine kurze Zeit bewusst abzuschalten?

Deine Rolle als Mama

Vision versus Realität

Sicherlich hattest du vor und/oder während der Schwangerschaft eine Vision von dir als Mutter. Du hast dir ausgemalt, wie sich dein neues Familienglück anfühlen wird, wie ihr miteinander umgehen und welche Herausforderungen auf dich zukommen werden. Das kleine Wunderwesen wurde geboren und deine Gefühlswelt stand plötzlich Kopf. Unglaublich, was diese kleinen Menschen mit unseren Emotionen machen! So heftig die neuen Herausforderungen über uns Frauen hereinbrechen, so unglaublich lohnenswert sind all die Mühen zugleich. Für dieses kleine Menschlein bist du die Welt! Zu Beginn ist das Baby eins mit dir. Daher macht es auch Sinn, dass sich deine Emotionen direkt auf das Baby übertragen und umgekehrt. Bis zur ersten Abnabelung (wenn das Kind beginnt, sich von dir fortzubewegen) seid ihr eine Symbiose. Sieh es als Lebensaufgabe, Stück für Stück loszulassen und deinem Kind stets eine sichere, aber zwanglose „Basisstation“ anzubieten.

Hab Vertrauen, dass alles gut werden wird! Das Leben hält Irrwege für uns bereit und genau die machen es facettenreich. Dein Kind trägt bereits im jungen Alter eine gewisse Verantwortung für sich selbst. Viele Situationen sind für das kleine Gehirn noch nicht abschätzbar und deshalb ist es so unglaublich wichtig, dass jedes Kind seine Erfahrungen machen darf! Woher soll ein Kind wissen, was heiß ist, wenn es so etwas noch nie gespürt hat? Ich möchte an dieser Stelle nicht dazu aufrufen, dass du deinem Kind absichtlich Verbrennungen zufügst, aber wenn das Essen auf dem Teller noch dampft, wird das Kind zwangsläufig seine Fingerchen zum Probieren heranführen und diese Erfahrung früher oder später machen. Das ist notwendig, um selbst einschätzen zu lernen, was gut und was schlecht für einen selbst ist. Ich weiß, es ist schwer zuzusehen, wenn man das eigene geliebte Kind in sein „Unglück“ rennen sieht. Hier eine kleine Erinnerung: An dieser Stelle ist es deine subjektive Wahrnehmung der Situation, die dir dein Gehirn aufgrund deiner Lebenserfahrung präsentiert. Die Realität deines Kindes kann ganz anders aussehen. Vielleicht tut der Finger nach dem Anfassen des heißen Essens nicht weh, vielleicht ist deinem Kind nicht kalt, sondern nur dir. Vielleicht geht diese Situation ganz anders aus, als du es erwartet hattest. Bitte mute deinem Kind unbedingt sein Leben zu – in einer ermutigenden Umgebung.

Bedingungslose Liebe

Eine Freundin fragte mich einmal, ob ich meinen Mann bedingungslos lieben würde. Ich musste eine Weile überlegen und entgegnete ihr, wenn ich diese Liebe zu meinem Mann mit der zu meinen Kindern vergleiche (bis dahin hatte ich nur ein Kind), fällt mir ein Unterschied auf: Meinem Kind würde ich mein Herz spenden, wenn es sein müsste. Für mein Kind würde ich mein Leben geben. Meinem Mann wiederum würde ich alles geben, was in und an mir zweimal vorhanden ist, sodass wir beide weiterleben können. Geht es dir auch so, dass du, seitdem du Mutter geworden bist, mehr auf dich und deine Gesundheit achtest, damit du möglichst lange für dein(e) Kind(er) da sein kannst? Weil einem die kleinen Menschen so wichtig sind, wächst der Beschützerinstinkt enorm. Wenn die Kinder noch sehr klein sind, kann das Schreien und Weinen den Puls schnell in die Höhe jagen. Mutter und Kind haben eine besondere Verbindung, die es ermöglicht, dass nur die eigene Mutter derart stark auf das Weinen des Kindes reagiert, damit die Bedürfnisse des hilflosen Babys möglichst schnell befriedigt werden.

Vor einigen Jahren arbeitete ich in einem Mutter-Kind-Heim. Einige der Mütter kamen direkt nach der Geburt aus dem Krankenhaus in die Einrichtung. Ich hatte also mit Neugeborenen und Teenagermamas und sogar mit einer Mutter mit Behinderung beruflich zu tun. Ich war erstaunt, welche Ruhe ich den Kindern gegenüber ausstrahlte, wenn ich sie auf dem Arm hatte, beim Schlafenlegen unterstützte oder kranke Kinder mit Medizin versorgte. Die Kinder spürten meinen ruhigen Herzschlag und ließen sich rasch beruhigen. Dass sich die Kinder in meiner Nähe so wohlfühlten, löste in mir ein gutes Gefühl aus. Deshalb war ich fest davon überzeugt, mein eigenes Baby mit Leichtigkeit beruhigen zu können. Doch dem war nicht so: Hier spürte ich den deutlichen Unterschied zwischen dem eigenen Kind und anderen Kindern. Der Unterschied zwischen den Gefühlswelten war unbeschreiblich! Daher hatten die jungen Mütter aus dem Heim manches Mal zu mir gesagt: „Krieg du erst einmal Kinder." Ich muss zugeben, sie hatten recht. Im Umgang mit anderen Kindern bekommt man nur einen Teil davon mit, was es bedeutet, für einen kleinen Menschen die Verantwortung zu tragen. Leidet das Kind, dann leidet eine Mama mit. Daher kann diese große Liebe richtig schmerzhaft sein.

Entwicklung der Resilienz

Was ich aus der Theorie wusste, in der Anwendung aber erst durchleben musste: Ich musste lernen auszuhalten, wenn mein Kind vor Schwierigkeiten oder Herausforderungen stand. Viel zu schnell wollte ich helfen, habe ihr einiges an Aufgaben abgenommen und ihr sogar den Entwicklungsschritt des Sitzens vorweggenommen, indem ich sie vom Liegen aufrichtete. Ich konnte ihre Frustration auf Dauer nicht aushalten. Genau da greift wieder die Tatsache, dass du als Mutter zuerst für deine Seele sorgen musst (damit du nicht im Überlebensmodus bist), um das Weinen, Jammern und Schimpfen deines Kindes aushalten und liebevoll begleiten zu können. Denn genau in diesen „Krisen" verbirgt sich Wachstum. Dadurch lernt das kleine Wesen, mit Misserfolg im Leben umzugehen. Auf diese Weise wird seine intrinsische Motivation immer wieder angefeuert. Das Kind möchte das Spielzeug haben, das ein Stück entfernt ist, also muss es sich dorthin bewegen. Genau das spiegelt unsere Aufgaben im weiteren Verlauf des Lebens wider. Wenn man ein Ziel hat, lohnt es sich, dranzubleiben, auch wenn man auf dem Weg dorthin mehrfach scheitert. Genau dieser Antrieb wird mit Erfolg belohnt und lässt die psychische Widerstandsfähigkeit wachsen.

Bedürfnisorientiert richtig verstehen

Ein weiterer Fehler von mir, den du gerne vermeiden darfst, ist die Fehlinterpretation von bedürfnisorientierter Erziehung. Theoretisch war ich felsenfest davon überzeugt, weder eine Helikopter- noch eine Rasenmähermutter zu werden. Zur Erklärung: Die Helikopter kreisen ständig „über ihren Kindern“, lassen sie nicht aus den Augen, sind überfürsorglich und ängstlich. Die Rasenmäher-Fraktion macht schon, bevor sich ein Widerstand in den Weg des Kindes stellen könnte, vorsorglich alles platt. Leider bin ich genau zu einer „rasenmähenden Helikoptermama“ mutiert. Die Erkenntnis samt Auswirkungen wurde mir im zweiten Lebensjahr meiner Erstgeborenen deutlich. Ihre Frustrationstoleranz war extrem niedrig. Klar, sie musste auch selten schwierige Situationen selbst meistern! Ich hatte unbewusst mein komplettes Leben nach meinem geliebten Wunderwesen ausge richtet und mich dabei selbst vergessen. Jegliche Energie für mein Kind einzusetzen, bereitete mir lange Zeit Freude, doch die kleine Maus lernte schnell, dass sie einiges (zu viel für ihr Alter!) mitbestimmen durfte. Sie entwickelte ihre eigenen Strategien, wie sie schlussendlich (über Umwege) doch einige persönliche Ziele erreichte. Das oberste Ziel eines Kindes besteht immer darin, sich die ungeteilte Aufmerksamkeit zu sichern (Überlebensmechanismus aus der Steinzeit).

So kam es, dass ich Kontakte vermied, in ihrer Gegenwart keine längeren Telefonate mehr führte, nur noch auf Zehenspitzen durch die Wohnung schlich, wenn sie schlief, und den Tag nach ihren Bedürfnissen plante. Wir machten fast alles zusammen – was mir auch Spaß machte. Doch sobald meine Aufmerksamkeit anderen Menschen galt, fing sie an, laut zu werden, zu meckern, mich am Arm zu ziehen usw. Mit allen Mitteln versuchte sie, meine ungeteilte Aufmerksamkeit für sich zu gewinnen. Ich erwischte mich selbst dabei, wie ich sie in Schutz nahm und versuchte, ihr Verhalten zu rechtfertigen. Dadurch wurde ich immer angespannter. Denn mein Wunsch nach Kontakt zu anderen Menschen war ebenfalls vorhanden. Genau zu dieser Zeit fand ein für mich lebensveränderndes Buch den Weg zu mir: „Kinder fordern uns heraus“ von Jan-Uwe Rogge. Er schreibt, dass sich unsere Welt nicht um die Kinder dreht, sondern es die Aufgabe der Kinder ist, sich Stück für Stück in die schon bestehende Welt einzufügen. Bedürfnisorientiert zu erziehen bedeutet, dass alle Bedürfnisse der Familie berücksichtigt werden, und nicht nur die der Kinder. Erwachsene haben ebenfalls das Recht auf eine Pause, sie möchten sich auch einmal unterhalten, ohne dass sie in jedem zweiten Satz unterbrochen werden. All das war bei mir nicht mehr möglich.

Ich begriff, dass zwischen Wissen und Handeln eine Lücke klaffte. Vielleicht ist es bei dir ähnlich. Kognitiv ist dir vieles bewusst, doch die Umsetzung fällt dir schwer, weil alte Strukturen, Triggerpunkte und diese enormen Gefühle dazwischenstehen. In meiner Arbeit beobachte ich oft, dass der „Schuh erst ordentlich drücken muss“, bevor etwas verändert wird. Bei mir war der Punkt erreicht, als ich realisierte, dass ich mein Kind immer öfter anschrie. Vielleicht beruhigt es dich, zu erfahren, dass es sehr, sehr vielen Eltern so geht.

Nimm dir ein paar Minuten Zeit und mache dir Gedanken über jedes deiner Kinder – und zwar mit dem Wissen, dass Kinder niemals böse Absichten haben.

Nun ist es an dir, deine Haltung zu überprüfen.

Kinder handeln stets für sich, aber niemals gegen dich!

Sie haben stets dasselbe Ziel der Aufmerksamkeitsgewinnung im Hinterkopf. Manchmal wirkt das suspekt, gerade wenn Kinder anfangen zu hauen, zu treten oder beißen. Manchmal bedienen sie sich merkwürdiger Methoden. Kinder haben also nicht die Absicht, dir wehzutun, sie wollen nur gesehen werden, mit dir in Verbindung treten. Wie man ein solch negatives Verhalten umlenken kann: Schenke deinem Kind Aufmerksamkeit in anderen Situationen, zum Beispiel, wenn es sich gerade lange konzentriert, während es ein Bild malt oder bastelt (allerdings ohne es dabei überschwänglich zu loben, dies kann eine Abhängigkeit verursachen). Dein Kind muss keine „Leistung" erbringen, um Aufmerksamkeit zu gewinnen. Wie kann das umgesetzt werden? Beispielsweise mit einem intensiven langen und liebevollen Blick in die Augen, einer festen Umarmung oder der Einladung zum Kuscheln. Dabei kannst du deinem Kind gern sagen, wie sehr du es liebst, was du an ihm schätzt oder einfach, dass du froh bist, dass es bei dir ist.

Begegnung auf Augenhöhe

Den kleinen Menschen auf Augenhöhe zu begegnen, ist die Herausforderung unserer Generation. Die Generation unserer Eltern wurde dahingehend geprägt, dass Kinder nicht viel zu sagen hatten. Sätze wie: „Wenn das Brot spricht, haben die Krümel zu schweigen" oder „So lange du deine Füße unter meinen Tisch stellst ...", sind dir vielleicht bekannt. Viele der Eltern von heute stehen am Rande des Wahnsinns, weil sie genau das Gegenteil tun, nämlich ihre Kinder „regieren" lassen. Optimal ist, wie in vielen Lebensbereichen, der goldene Mittelweg. Kinder werden als gleichwertige Menschen mit Rechten, aber auch Pflichten betrachtet. Wir Eltern tragen Sorge für das Wohlergehen und die Gesundheit der kleinen Menschen. Bestimmte Werte und Normen sind für das Zusammenleben notwendig. Dies ist der Rahmen, den du aufrechterhälst. Innerhalb dessen können – entsprechend des kognitiven Reifegrads – diverse Entscheidungsspielräume eingeräumt werden. Beim Einkaufen höre ich beispielsweise oft, wie Eltern ihre Kinder fragen: „Was wollen wir heute essen?" Für ein dreijähriges Kind ist diese Frage viel zu anspruchsvoll! Das Kind könnte zwischen zwei Varianten wählen, also Reis oder Kartoffeln. Manchen Kindern wird zu viel zugemutet, denn Entscheidungen zu treffen braucht Energie. Dies kann sich in Überforderung ausdrücken (sichtbar als negative Verhaltensweisen). Du bietest den Rahmen. Der gibt dem Kind die Sicherheit, die es benötigt, um sich innerhalb dessen frei entfalten zu können. Je klarer du diesen Rahmen für euch als Familie repräsentierst, umso weniger Verwirrung gibt es zwischen euch. Wichtig ist an dieser Stelle, dass dein Partner und du unbedingt immer wieder in den Austausch über eure innerfamiliären Rahmenbedingungen geht und eine grundlegende gemeinsame Linie verfolgt. Jeder wird seinen Stil mit einbringen und gewisse Dinge anders machen, aber der Rahmen, wie beispielsweise die Abendroutine, die Bettgehzeit, Regeln des Miteinanders oder Sicherheitsmaßnahmen (wie an der roten Ampel stehen zu bleiben, einen Helm bei Radfahren zu tragen etc.) sollten gleichermaßen umgesetzt werden.

Hier ein kleines lustiges Beispiel zum Thema „verschiedene Herangehensweisen beim Taschepacken für das Schwimmbad“: Wenn ich die Tasche packe, findest du darin Badebekleidung, Handtücher, Schwimmhilfen, Wasserball, Duschzeug, Shampoo, Bürste, Creme, frische Unterwäsche, einen Snack und Wasser zum Trinken. Wenn mein Mann die Tasche packt, findest du darin Badebekleidung und Handtücher. Punkt. In diesem Falle muss ich immer schmunzeln. Das Kind hat in beiden Fällen Spaß beim Baden.

Beim Thema Handynutzung während der Abendroutine mussten wir uns mehrfach mit unseren unterschiedlichen Vorstellungen auseinandersetzen. Meiner Meinung nach tritt hier die Gesundheitsfürsorge in Kraft, wenn in dunkler Umgebung auf den hellen Handy-Bildschirm geschaut wird. Dabei sterben wegen des Blaulichtanteils Sehzellen ab, und zugleich wird das kindliche Gehirn wieder aktiviert, statt in den Ruhemodus geleitet zu werden. Wenn die Regel von vornherein „kein Handy im Bett“ geheißen hätte, wären uns manche Diskussionen erspart geblieben. Es bleibt eine sich immer wandelnde Erziehungsaufgabe, neue Regeln einzuführen, alte zu verabschieden und auch den Spielraum zum Ausprobieren mit einzuplanen. Man selbst wächst auch hier mit seinen Aufgaben. Wie ist das bei dir? Welche Unterschiede kannst du gut zulassen und bei welchen Themen kommt es immer wieder zu Diskussionen?

Nun hast du gelernt, verschiedene Perspektiven einzunehmen, die Stunden deines Tages gut aufzuteilen, Hilfe anzunehmen und einzufordern, dir selbst liebevoll zu begegnen. Wir haben außerdem hinter die Ursachen deiner Stressoren geschaut und Glaubenssätze transformiert. Dein Blick wurde auf deine Vorfahren gelenkt, um deine Gefühlswelt in der Gegenwart einzuordnen, zu verstehen und zu verändern. Schauen wir nun einmal, wie es dir im Alltag gelingt, dass dein Kind kooperiert.

Es gibt eine Vielzahl an Methoden, die die Kooperationsbereitschaft deines Kindes deutlich verbessern. Fünf essenzielle Methoden liste ich hier auf, weil sie meinen Alltag als Mutter enorm vereinfachen.

1. Halte dein Wort

Es bietet deinem Kind Sicherheit, wenn es sich auf dein Wort verlassen kann. Was gesagt wird, wird getan. Dein Kind weiß irgendwann, dass genau eintritt, was besprochen wurde. Auch wenn du mögliche Konsequenzen besprichst, sage nur Dinge, die du auch wirklich umsetzt. Dein Kind muss verinnerlichen: „Das macht die wirklich!“. Hierbei handelt es sich um eine richtungsweisende Grundlage, die dir auch in der Pubertät einige Auseinandersetzungen ersparen wird.

Hast du deinem Kind etwas versprochen? Dann führe es aus, auch wenn es einmal unbequem für dich ist. Auf lange Sicht wird dein Kind ein Urvertrauen in das Leben und die Menschen aufbauen. Diese Verlässlichkeit bietet den sicheren Rahmen, den dein Kind braucht, um unbefangen aufwachsen und sich psychisch gesund entwickeln zu können.

2. Setze deinen Alltag fort

Wie bereits erwähnt, haben die kleinen Menschen die Aufgabe, sich Stück für Stück an diese Welt und das Leben der Familie zu gewöhnen und sich dort einzufügen. Es ist nicht eure Aufgabe als Eltern, eure Lebenswelt ausschließlich nach dem Kind auszurichten. Du hast also deinen Tagesablauf, der für Mütter in Elternzeit beispielsweise folgende Punkte enthält: aufstehen, frühstücken, fertig machen, spazieren gehen, Mittagessen kochen usw. Für Kinder, die gerade auf die Autonomiephase zusteuern, ist ein vorhersehbarer Alltag ausgesprochen wichtig. Er sollte daher von Routinen geprägt sein. Abschätzen zu können, was als Nächstes passieren wird, bietet den Kleinen Sicherheit. Diese Routinen sind selbstverständlich flexibel und müssen immer wieder angepasst werden. Im ersten Lebensjahr ist der Alltag während der Elternzeit meist recht ähnlich. Dein Kind wird lernen, dass es bei euch normal ist, dass nach dem Mittagessen die Hände gewaschen werden, eine neue Windel angezogen wird, anschließend eine Vorlesezeit folgt und der Mittagsschlaf der nächste Punkt auf der Tagesordnung ist. Früher oder später wird dein Kind jedoch an diesen Routinen rütteln und sie auf ihren Bestand prüfen. Das kann sehr viele Nerven kosten, aber es ist Teil des Spiels auf dem Weg zum selbstständig denkenden und handelnden Menschen.

Die Umsetzung dieser von ihm erwarteten Handlungsabläufe kostet dein Kind Kraft. Wenn du von dem kleinen Menschen verlangst, dass die Punkte 1 bis 4 abgearbeitet werden, wird eine Menge Energie verbraucht. Um das zu tun, was die Mutter von ihm möchte, braucht das Kind eine gewisse Anpassungsleistung. Denn in den meisten Fällen machen die Kinder viel lieber andere Dinge, als sich die Hände zu waschen, sich die Windel wechseln zu lassen oder gar zu schlafen. Es sei denn, du hast ausreichend Kapazität, Feingefühl und Fantasie, um das Ganze spielerisch umzusetzen. Klappt leider im Alltag nicht auf Dauer.

Das kann bei einem schon mobilen Kind so aussehen: Sollte es an einem Punkt „festhängen“ und sich außerhalb der Routine beschäftigen, statt sich ins Bett bringen zu lassen, setze deinen Alltag fort. Das kann so aussehen, dass du dein Kind daran erinnerst: „In zwei Minuten fängt die Geschichte an. Wenn du sie mit aussuchen möchtest, beeil dich.“ Wenn das Kind noch immer nicht erscheint, starte mit dem lauten Vorlesen. Ich bin mir sicher, dein Kind möchte die Geschichte nicht verpassen. Sollte es doch so sein, bleib liebevoll und zugewandt, indem du die Trauer und Enttäuschung deines Kindes begleitest und auf die neue Chance hinweist (z. B.: „Es tut mir leid für dich, dass du die Geschichte verpasst hast, heute Abend/morgen lesen wir wieder eine Geschichte."). Also: Trösten und den Rahmen aufrechterhalten, indem du klar bei deiner Aussage bleibst. Dein Kind wird keine weitere Geschichte verpassen wollen und sich, sobald du beim nächsten Mal anfängst, laut vorzulesen, sehr beeilen. Probiere diese Methode unbedingt mal aus!

Ein Beispiel aus meinem Mama-Alltag: Meine Tochter war zwei Jahre alt. Am Vormittag spielten wir gemeinsam im Park. Zurück zu Hause, wusste sie genau die Reihenfolge (Schuhe und Jacke ausziehen, Hände waschen, Mittag essen ...). Doch sie zog ihre Schuhe nicht wie immer an der Garderobe aus, sondern rannte mit ihren matschigen Stiefeln durch die gesamte Wohnung.

Ich habe alle Methoden angewandt, doch nichts half.

- Vorher besprechen, was gleich zu tun ist: Hat nicht geholfen.
- Verhalten ignorieren: Hat nicht geholfen.
- Drohen und schimpfen: Hat nicht geholfen.
- Spielerische Umsetzung: Hat nicht geholfen.

Dann stieß ich auf die Methode des „Fortsetzens". Ein paar Tage später kamen wir erneut vom Parkbesuch mit schlammigen Schuhen nach Hause. Meine Tochter rannte wieder mit den dreckigen Stiefeln durch die Wohnung. Ich wusch meine Hände, nachdem ich meine Sachen abgelegt hatte, kochte das Mittagessen, setzte mich an den Tisch und begann zu essen. Da kam meine Tochter zu mir und sagte, dass sie auch etwas essen möchte. Ich blieb freundlich und sagte, dass ihr Teller bereits auf sie warte. Sie wisse ja, was vorher zu tun sei. Es war wie ein Wunder: Sie ging in den Flur, zog sich die Jacke und die Schuhe aus, wusch sich die Hände, setzte sich zu mir an den Tisch und aß zufrieden ihr Mittagessen. Ich war sehr erstaunt! Durch diese Methode habe ich mir in den folgenden Jahren sehr viel Energie und Diskussionen sparen können. In allen möglichen Lebensbereichen wandte ich die Methode an. Da ich mein Wort halte, weiß meine Tochter die jeweilige Situation stets einzuschätzen. Probiere das unbedingt einmal aus!

3. Sage deinem Kleinkind nicht, was es lassen, sondern was es tun soll

Wir verschwenden zu viele Worte, um den kleinen Menschen zu sagen, was sie nicht tun sollen. Kleinkinder verste hen allerdings kognitiv noch keine Verneinungen. Du sagst: „Nicht die Fernbedienung in den Mund nehmen!" Bei deinem Kindlein kommt „Fernbedienung" und „Mund" im Gehirn an. Der Vorgang wiederholt sich, bis dein Mund Fusseln produziert. Probiere stattdessen zu sagen, was das Kind tun soll. Beispielsweise: „Die Fernbedienung bleibt auf dem Tisch liegen." Auch beim Thema Spucken, Kratzen, Hauen, Beißen ist die bejahte klare Ansage ein Wundermittel: „Deine Hände bleiben bei dir“ statt „nicht hauen“.

4. Lasse dein Kind eigene Erfahrungen machen

Wir sind als Eltern für die Gesundheit unserer Kinder verantwortlich. Deshalb müssen wir manchmal einschreiten, um die Kinder vor Gefahren zu beschützen und um ihre körperliche Unversehrtheit sicherzustellen. Wie sollen die kleinen Menschen ein Gefühl für den gesunden Umgang mit dem eigenen Körper erlernen? Ein Dauerbrenner ist das Thema Anziehen. Es kommt der Tag, da wird dein Kind die warme Jacke oder die Mütze verweigern. Lass dein Kind, wenn es sich das nächste Mal weigert, die Jacke anzuziehen, einfach mal so rausgehen. Nimm seine Jacke mit. Du wirst sehen: Draußen wird deinem Kind kalt werden, und dann kannst du liebevoll die Jacke reichen. Bitte ohne vorwurfsvolle Kommentare! Das Kind empfindet die Umgebungstemperatur in der Wohnung als angenehm warm und kann sich noch nicht vorstellen, dass es draußen viel kälter ist. Gib ihm die Möglichkeit, seine Erfahrung zu machen. Dein Kind wird nicht sofort krank, wenn es kurz in der Kälte steht.

Ebenso ist es in unzähligen weiteren Situationen. Mein Mädchen wollte ihre große Puppe überallhin mitnehmen. Ich wies mehrfach darauf hin, dass sie sie selber tragen müsse. Sie bejahte. Keine 200 Meter vom Haus entfernt fragte sie mich, ob ich die Puppe tragen könne. Ich verneinte liebevoll und erinnerte sie daran, dass ich selbst schon schwer beladen war. Bis zur nächsten Etappe musste sie es aushalten, die für sie inzwischen doch recht schwere Puppe zu tragen. Dann half ich ihr, mit dem Hinweis, dass die Puppe für lange Strecken ungeeignet sei, weil zu schwer. Das Ganze wiederholte sich noch einige Male. Achtung: Die neue Autobahnspur im Gehirn braucht etliche Wiederholungen, bis sie „befahrbar" ist. Die kommenden Male wies ich sie vorher darauf hin, dass die Puppe unterwegs sehr schwer werde und ich sie nicht tragen würde. Um dem Wunsch, ein Püppchen mitzunehmen, nachzukommen, suchten wir nach einer Lösung. Es ist sehr spannend, die Kinder nach einer möglichen Lösung zu befragen. Du wirst staunen, welche kreativen Antworten deinem Kind einfallen. Wir dürfen uns davon verabschieden, den Kindern immer alles vorzuschreiben. Wir wollen doch, dass sie verantwortungsbewusste Erwachsene werden, die fähig sind, vernünftige Entscheidungen zu treffen, oder? Natürlich ist es wichtig zu beachten, dass sich das Kind nicht ernsthaft in Gefahr bringt (Beispiel Straßenverkehr). Du kennst dein Kind am besten. Beobachte es aufmerksam und habe Vertrauen in seine Fähigkeiten. Traut es sich zu, auf den Baum zu klettern, dann vertraue auch du. Ermutige dein Kind, Neues auszuprobieren. Dies ist die Voraussetzung, dass aus ihm ein weltoffener, interessierter und mutiger Mensch werden kann. Manchmal sind es die Umwege, die an besonders zauberhafte Orte führen. So auch in der Erziehung. Finde deinen eigenen Weg. Du wächst gemeinsam mit deinem Kind an den Herausforderungen des Lebens.

5. Haltet regelmäßig eine Familienkonferenz

Im Familiensystem sind alle Mitglieder gleichwertig, egal wie alt sie sind. Daher sollte auch jede einzelne Person gleichermaßen ernst genommen werden. Mit Kindern ab drei Jahren ist es möglich, eine regelmäßige Familienkonferenz einzuführen, gerade wenn die Familie aus mehreren Kindern oder Elternteilen besteht. Macht aus eurer Familienkonferenz ein Ritual, das sich vom Alltag abhebt. Dies kann beispielsweise jeden Sonntagabend sein, bei einem Wohnzimmer-Picknick im Kreis auf dem Teppich sitzend. Vielleicht mit Pizza, Snacks oder anderen Köstlichkeiten. Findet feste Regeln: Jede Person darf aussprechen, niemand wird unterbrochen. Wer gerade an der Reihe ist, bekommt den Edelstein in die Hand, Redezeit pro Person maximal drei Minuten usw. Findet eure individuellen Regeln und schreibt sie für alle gut lesbar auf. Für die jüngeren Kinder können Symbole verwendet werden. Eine Person ist Moderator/-in. Beginnt die Runde mit der Frage: „Wie geht es mir gerade?" Einigt euch pro Sitzung auf ein Thema, das besprochen und zu dem jede Person gehört werden soll. Führt Abstimmungen durch – so lernen auch die Jüngsten, was Demokratie bedeutet. Findet Wege, wie jedes Mitglied seinen Wunsch verwirklichen kann (soweit sich dieser umsetzen lässt, z. B. bei der Auswahl des Wochenendausflugziels). Die Familienkonferenz ist auch der richtige Rahmen, um Aufgaben neu zu verteilen. Damit die Mutter die Haushaltsaufgaben nicht allein erledigen muss, dürfen alle mit anpacken. Wird den Kindern von klein auf ermöglicht, sich im Haushalt einzubringen, empfinden sie es auch später als selbstverständlich. Hier werden Grundsteine für das Erwachsenenleben gelegt. Alle Themen dürfen in der Familienkonferenz besprochen werden. Diskussionen sind gewünscht und zugelassen – sofern ihr euch an die Gesprächsregeln haltet und zielorientiert miteinander auf Augenhöhe kommuniziert. Hier ist ein wichtiges Learning für die Kinder enthalten: Uneinigkeit ist völlig normal, die Art und Weise, wie mit ihr umgegangen wird, ist relevant. Hier kommt eure Vorbildrolle zum Einsatz. Aber noch einmal zurück zu den Kindern. Die Kleinen wollen genauso sein wie du. Sie wollen dieselben Dinge tun wie du. Also nimm „Umwege" (im Sinne von Chaos oder unperfekten Ergebnissen) in Kauf und ermögliche den Kleinen das Gefühl von Teilhabe, Wachstum und Verantwortung. Dein/-e Partner/-in oder die größeren Geschwister können den Kleineren dabei behilflich sein, ihre Aufgabe zu erfüllen. Die Verantwortlichkeit liegt nicht allein bei dir (denn manchmal reicht die eigene Kapazität nicht aus, um das Chaos zu ertragen).

Erstellt einen Wochenplan mit rotierenden Aufgaben wie Müll rausbringen, Geschirrspüler ein- und ausräumen, staubsaugen, Wäsche aufhängen usw. Für jede Person ist – je nach Entwicklungsstand – eine Verantwortlichkeit dabei. Es ist toll zu beobachten, wie die Kinder über sich hinauswachsen, wenn wir ihnen mehr Verantwortung übertragen! Hat jemand seinen Dienst nicht erledigt, kann er eine weitere Woche lang diese Aufgabe behalten. Sollte es zu Unmut kommen, kann im Rahmen der Familienzusammenkunft alles besprochen und neu ausgerichtet werden. Regeln müssen nicht starr sein. Findet eure Wege! Irgendwann wird es normal für alle sein, mit anzupacken. Was bei kleineren Kindern noch wunderbar funktioniert: die intrinsische Motivation. Es ist ihr innerer Wunsch, sich zu beteiligen und einen Beitrag für die Gemeinschaft zu leisten. Da braucht es nicht einmal eine Belohnung. Bitte verzichte gänzlich auf Bestrafung. Findet in der Konferenz individuelle Möglichkeiten, wie ihr alle Mitglieder mit ins Boot holt. Du wirst sehen, euer Miteinander und der Blick füreinander verändert sich.

Schlusswort

Nun hast du eine Vielzahl von Strategien an die Hand bekommen, um dein Mamaleben Stück für Stück zu verändern und einen Schritt aus dem „Mental-overload"-Hamsterrad herauszutreten. Wenn du dranbleibst, dir regelmäßig kleine Erholungsinseln kreierst, für deine Seele sorgst, deine positiven Glaubenssätze in dein Leben integrierst und mit deinen Familienmitgliedern im permanenten Austausch bleibst, steht deinem gelassenen Mamaleben kaum noch etwas im Wege. Bedenke: Das Universum hält weiterhin unendlich viele Herausforderungen für dich bereit, doch wenn du in einer Krise steckst, kannst du dich nun herauszoomen und dir sicher sein, dass du das Tal schnell verlassen und die Bergspitze bald wieder erklimmen wirst.

Du machst das großartig! Lege deinen Fokus auf das positive Denken und vergegenwärtige dir regelmäßig, was alles gut läuft, anstatt dich über die schwierigen Situationen zu ärgern. Auf dein gesamtes Leben gesehen, ist die Phase mit deinem kleinen Kind eine sehr kurze. Es braucht verantwortungsvolle Bindungspersonen, die bereit sind, durch intensive Selbstreflexion das eigene Denken, Fühlen und Handeln in Einklang zu bringen, und sich zugleich nicht verurteilen, wenn Pläne nicht aufgehen. Was aber das Allerwichtigste ist: Dein Kind braucht eine glückliche Mama. Wenn du spürst, dass dein neues Wissen nicht ausreichend ist, wenn der Stress noch immer allgegenwärtig und so präsent wie ein Familienmitglied ist, dann kann ich dir nur ans Herz legen, dir Unterstützung in Form einer Trainerin, einer Coachin oder Therapeutin zu suchen. Manchmal braucht es eine individuelle Hilfeform, die dein Familiensystem unter die Lupe nimmt und mit dir gemeinsam den Weg deiner Transformation beschreitet. Es ist keine Schwäche, Unterstützung in Anspruch zu nehmen – im Gegenteil: Es ist ein Zeichen von Stärke.

Impressum

Für Fragen und Anregungen:
E-Mail: kontakt@zeitecht.de
Web: www.zeitecht.de

ISBN Paperback: 978-3-911005-05-0
ISBN E-Book: 978-3-911005-06-7

Originalausgabe, Erste Auflage 2024

Sepapaja tn 6, 11415 Tallinn, Estland

Redaktion: Leopold Heptner
Lektorat: Katja Milkereit
Korrektorat: Petra Krumme
Covergestaltung: Wolkenart - Marie-Katharina Becker, www.wolkenart.com
Satz und Layout: Danileoart, www.danileoart.com

Nationalbibliothek:

Dieses Werk wurde gemäß den gesetzlichen Pflichtabgaben an die Deutsche Nationalbibliothek übermittelt und ist über http://dnb.dnb.de abrufbar.